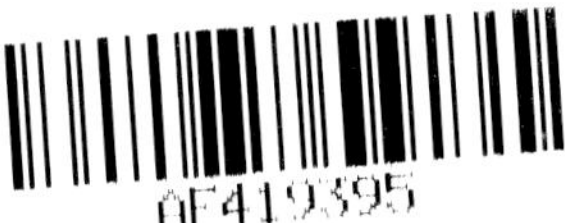

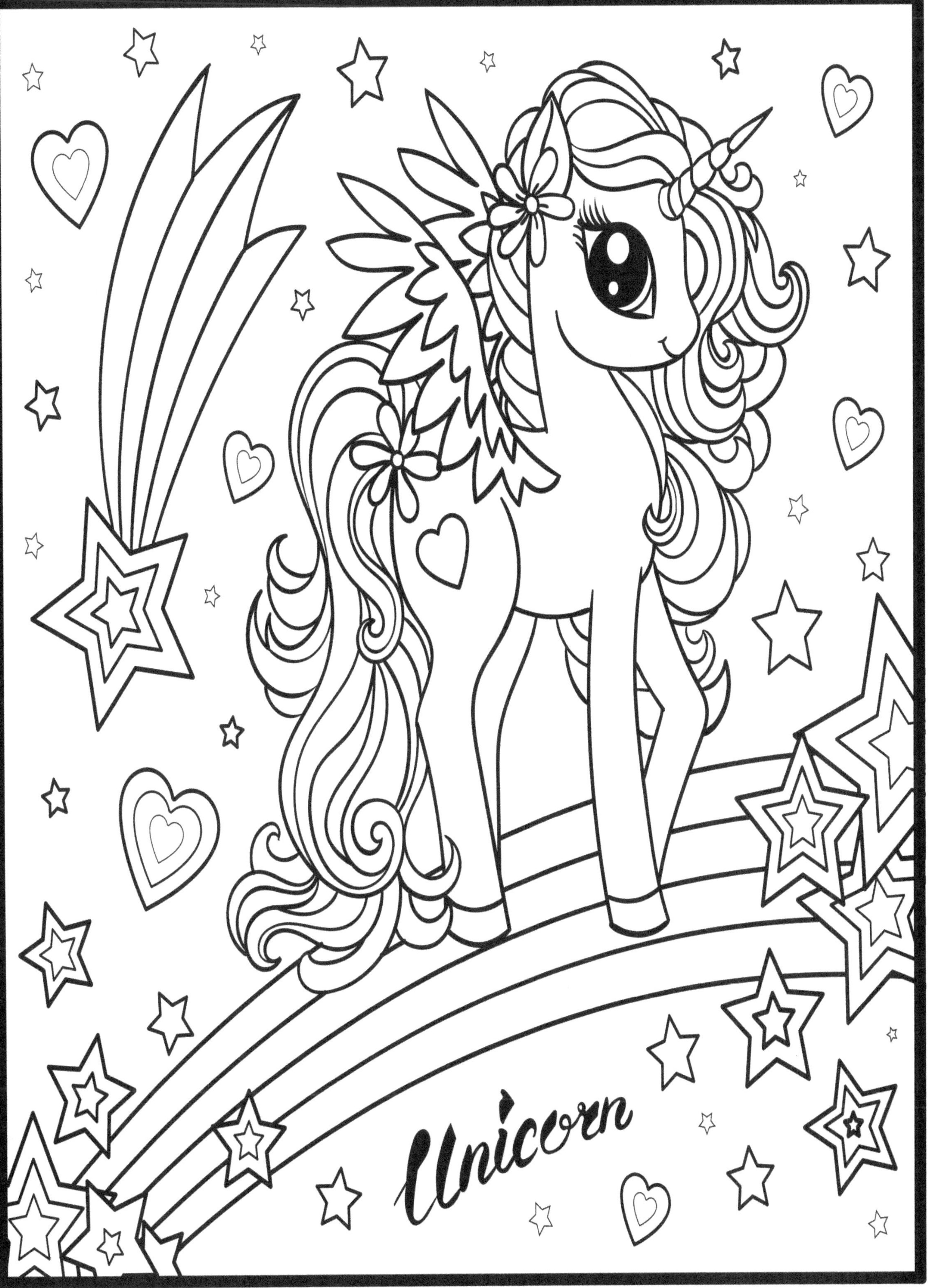
Unicorn

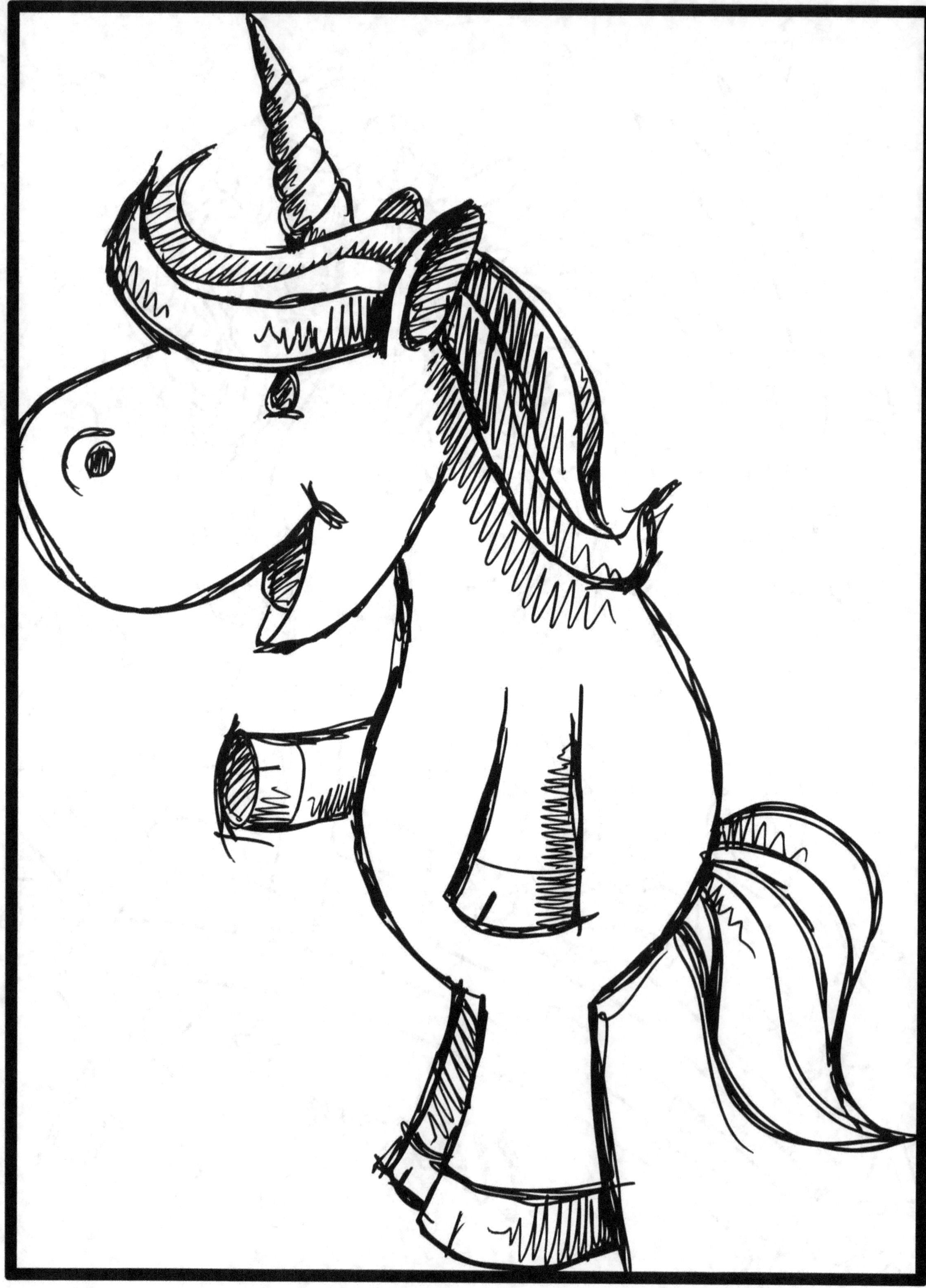

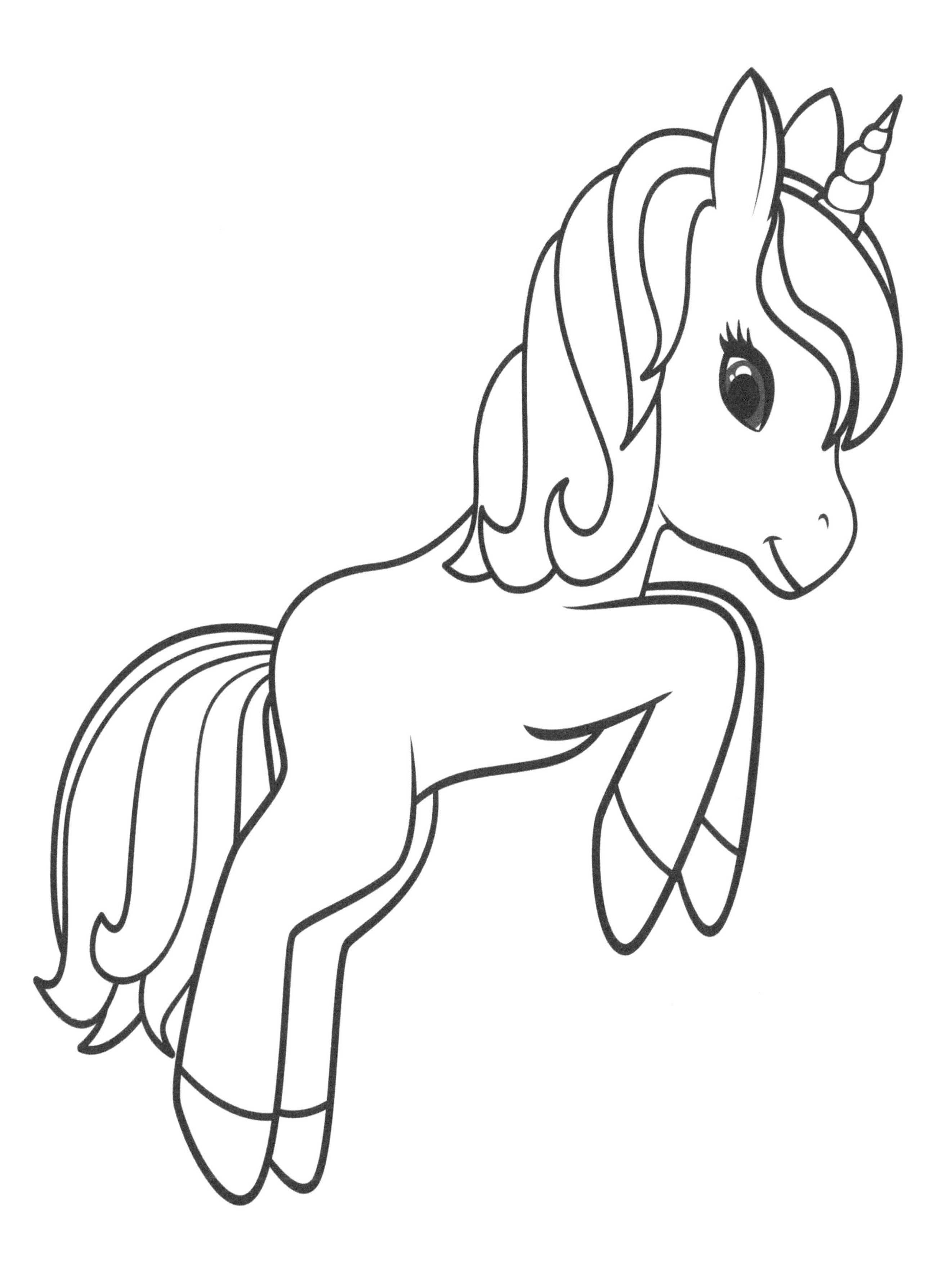

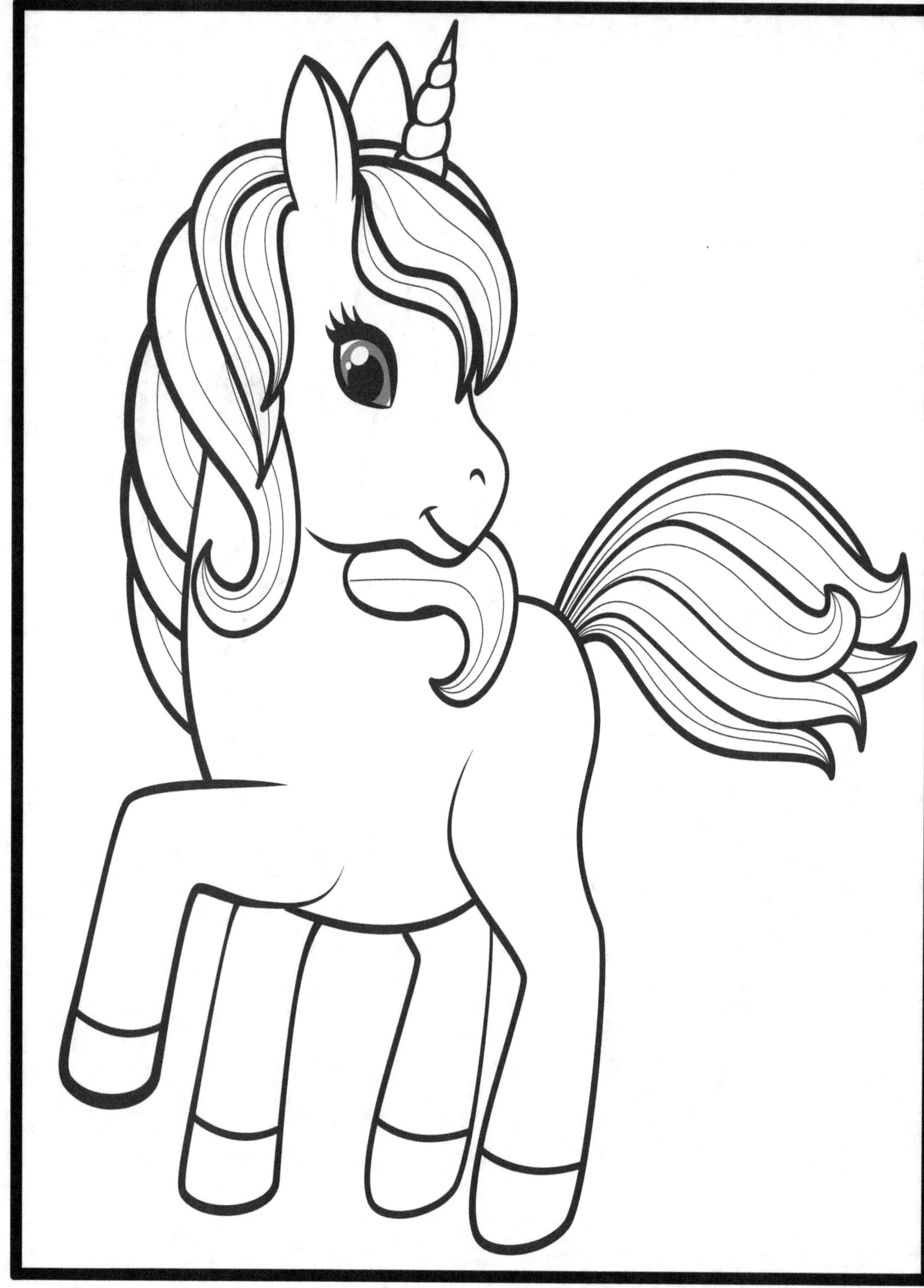

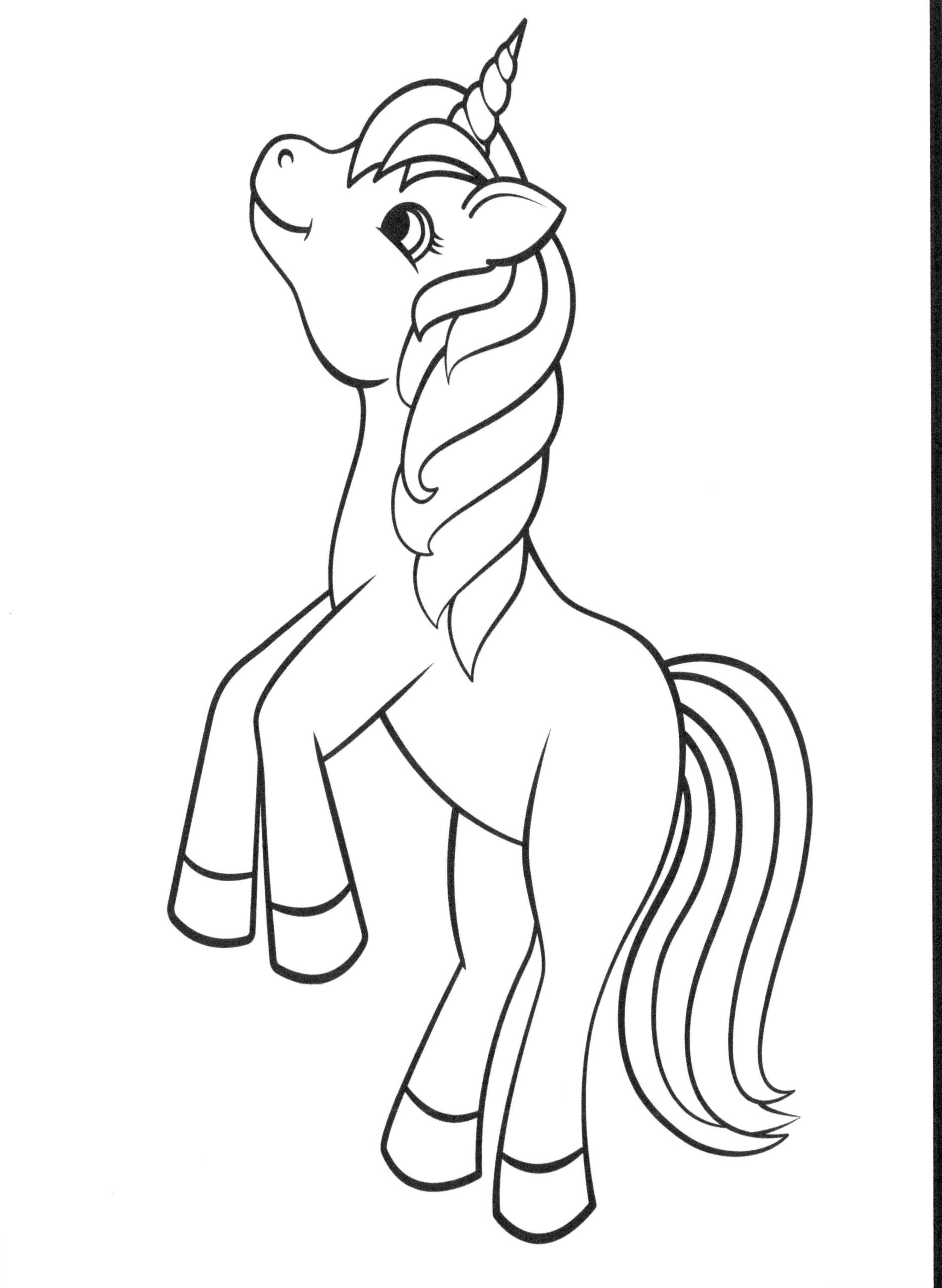

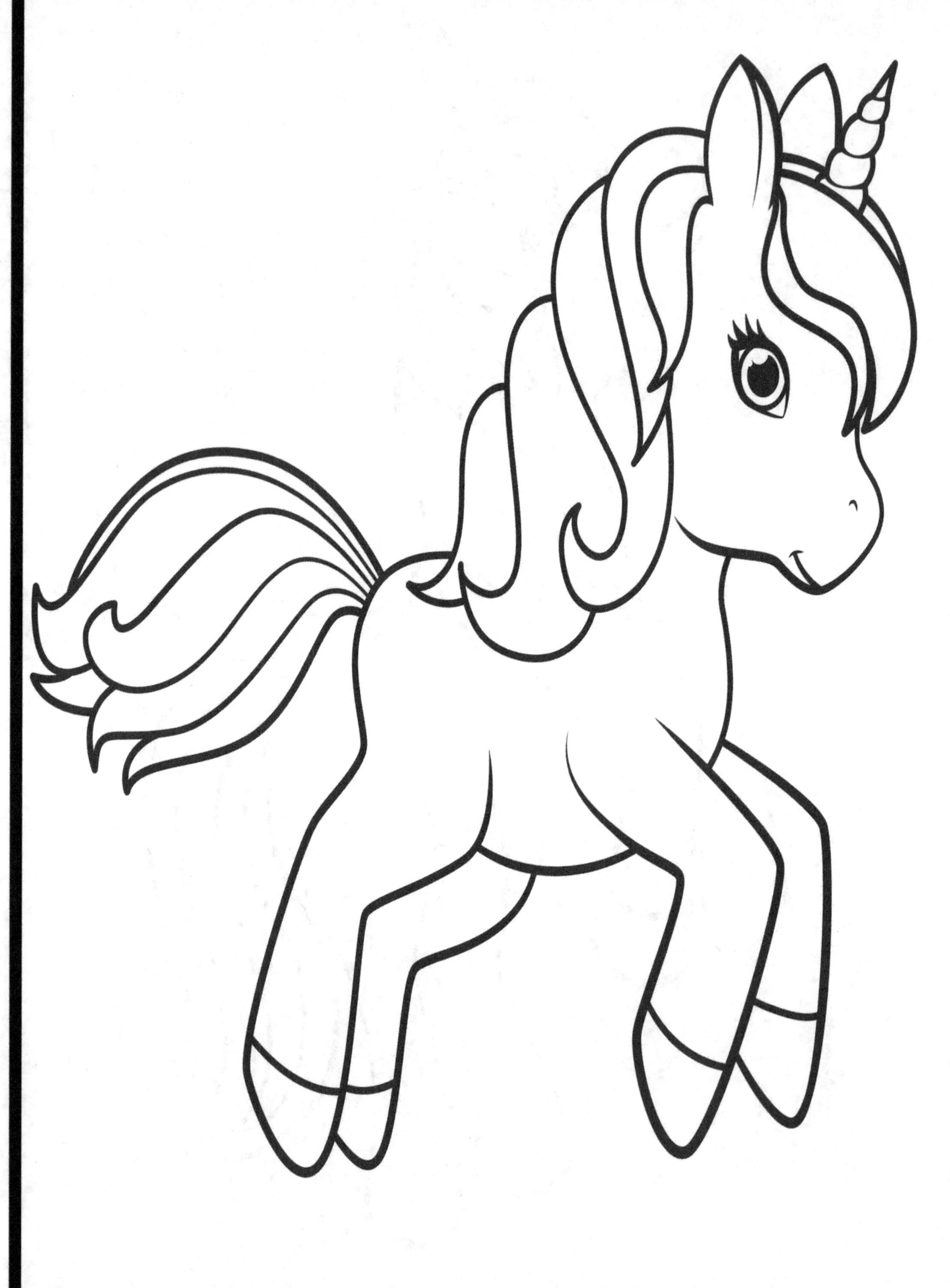

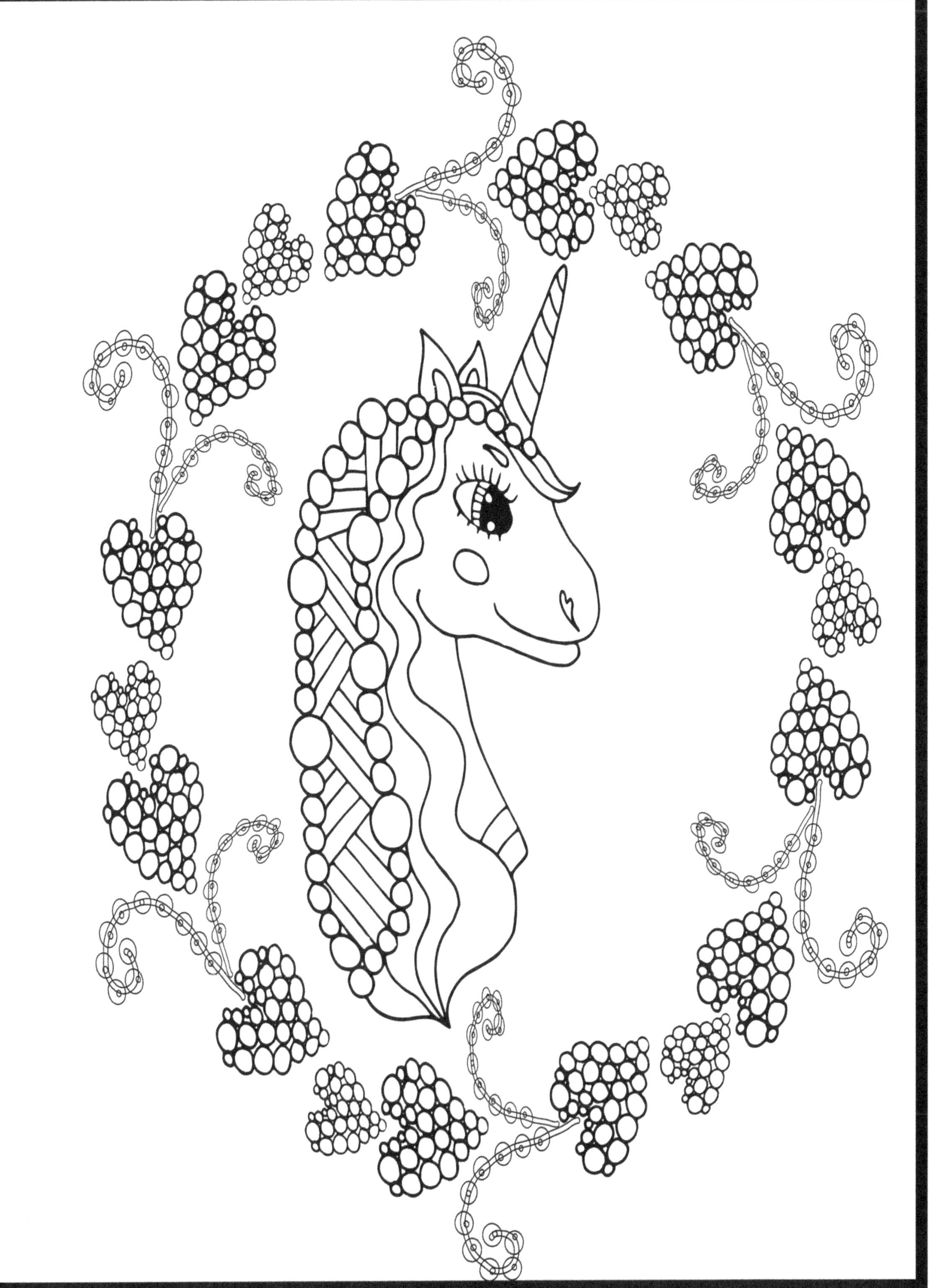

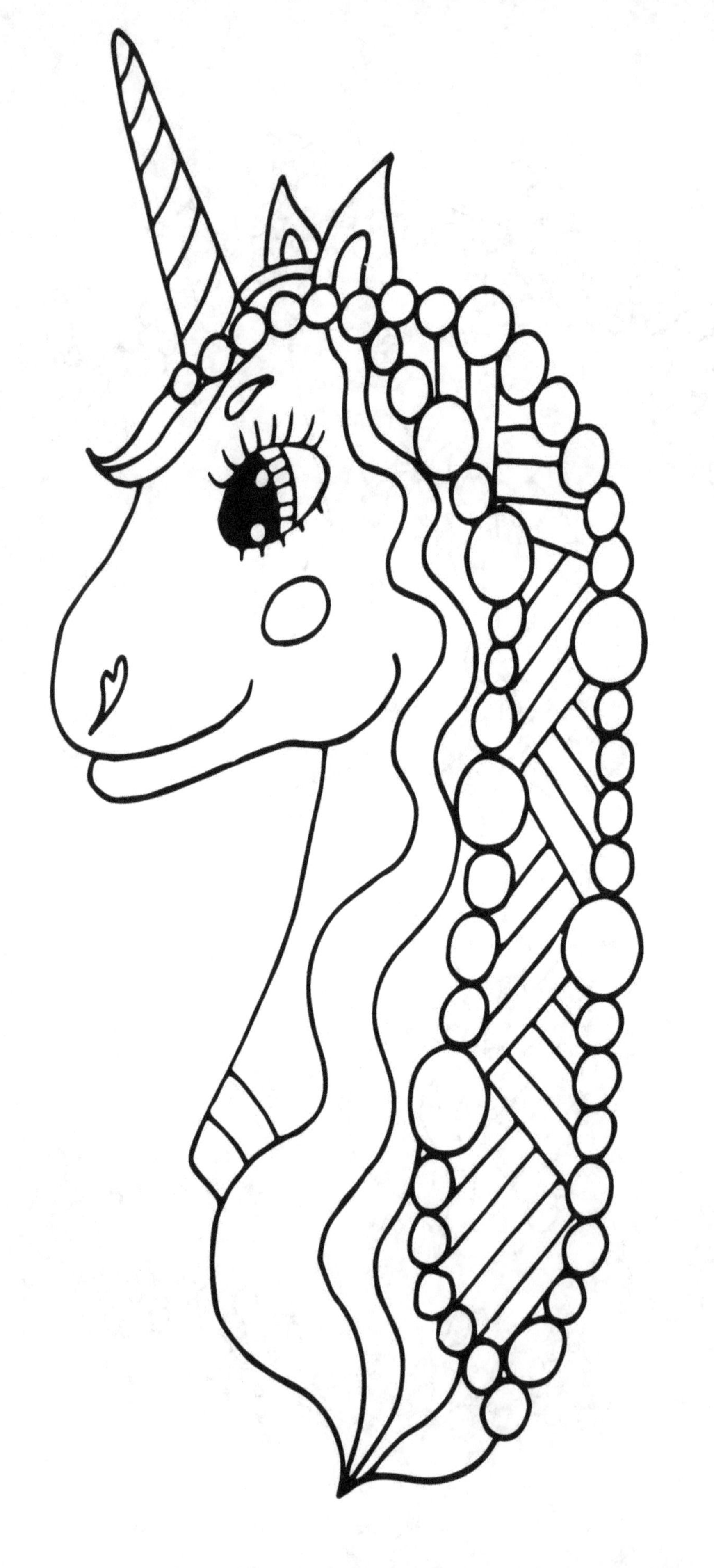

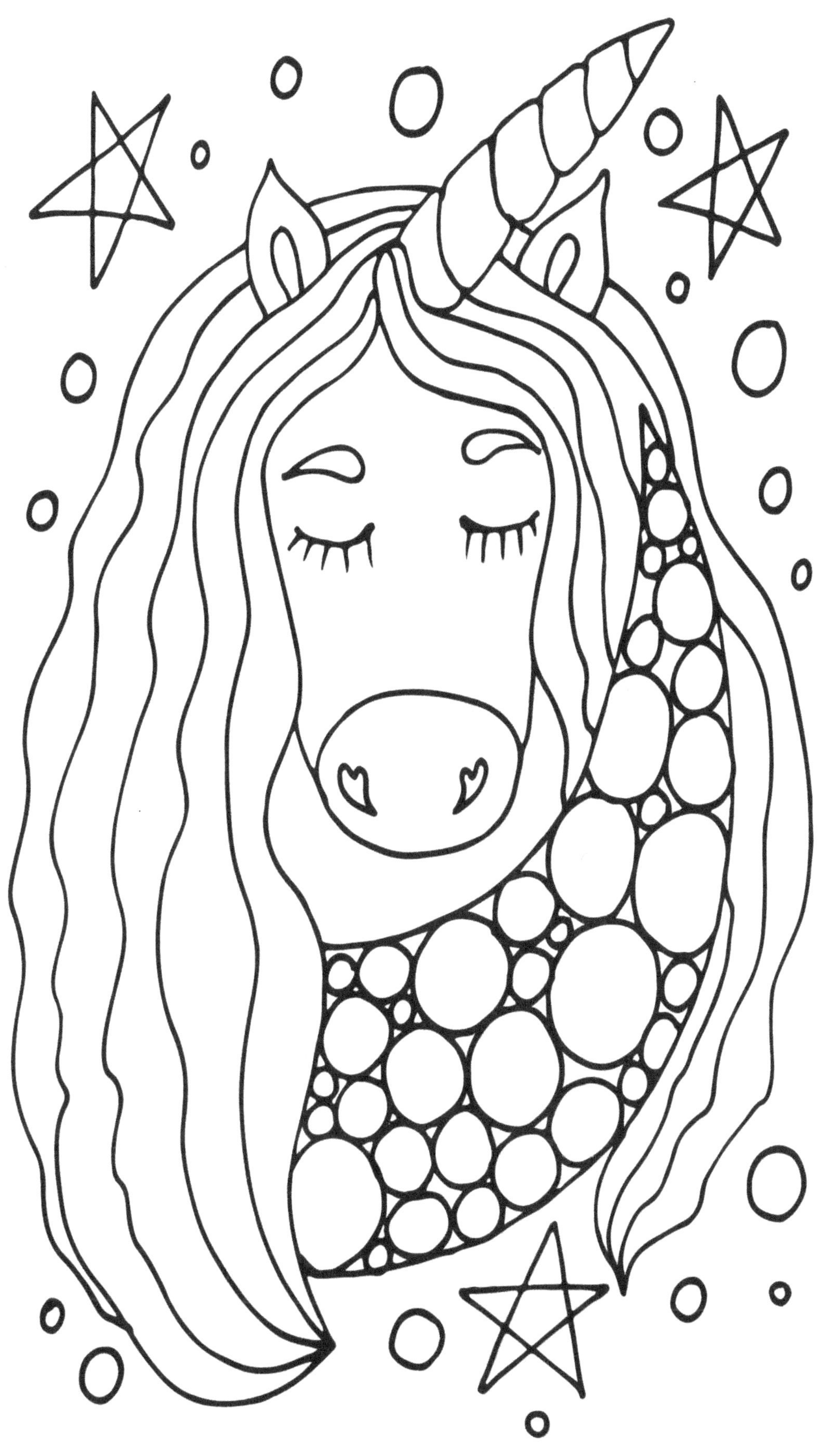

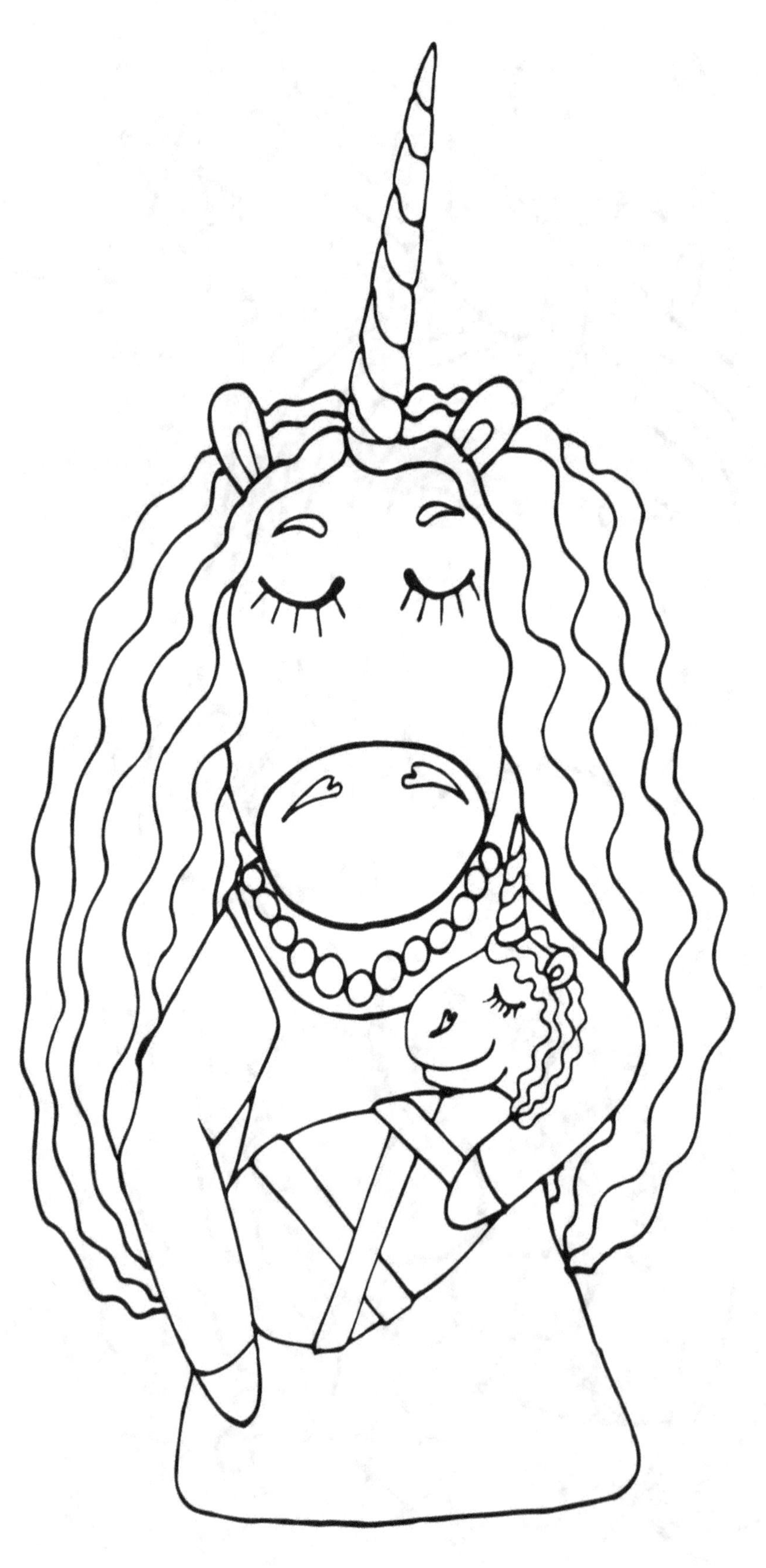

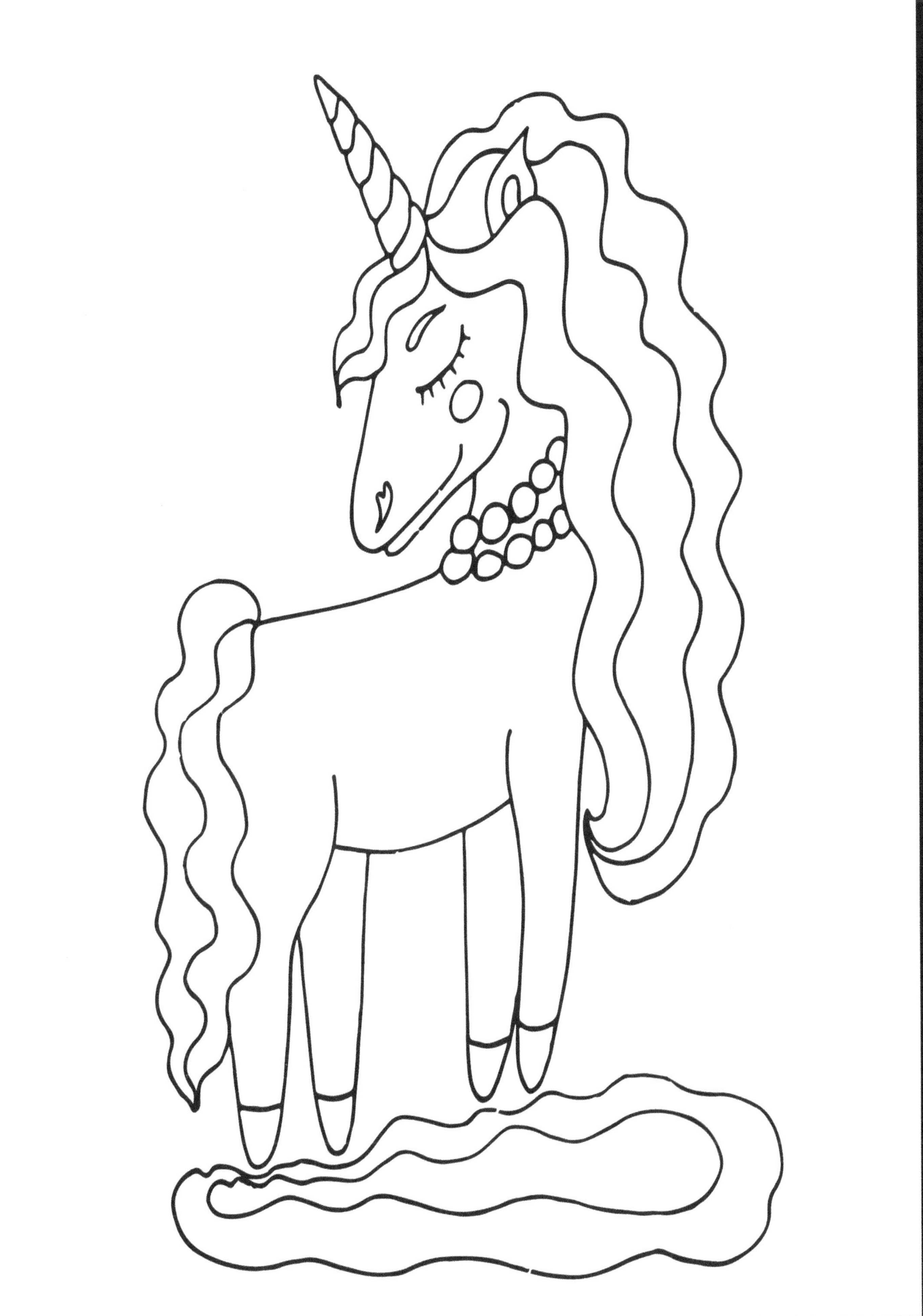

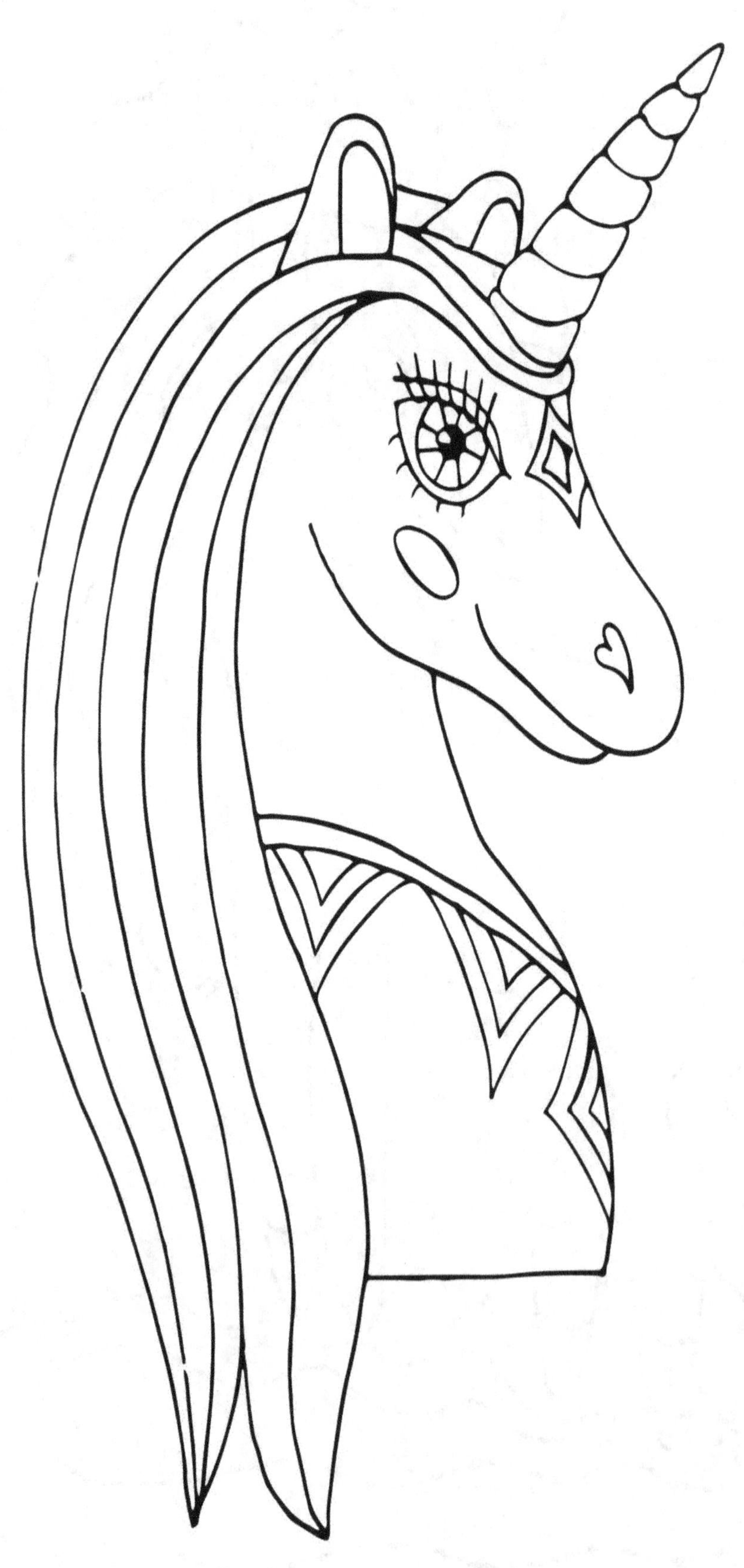

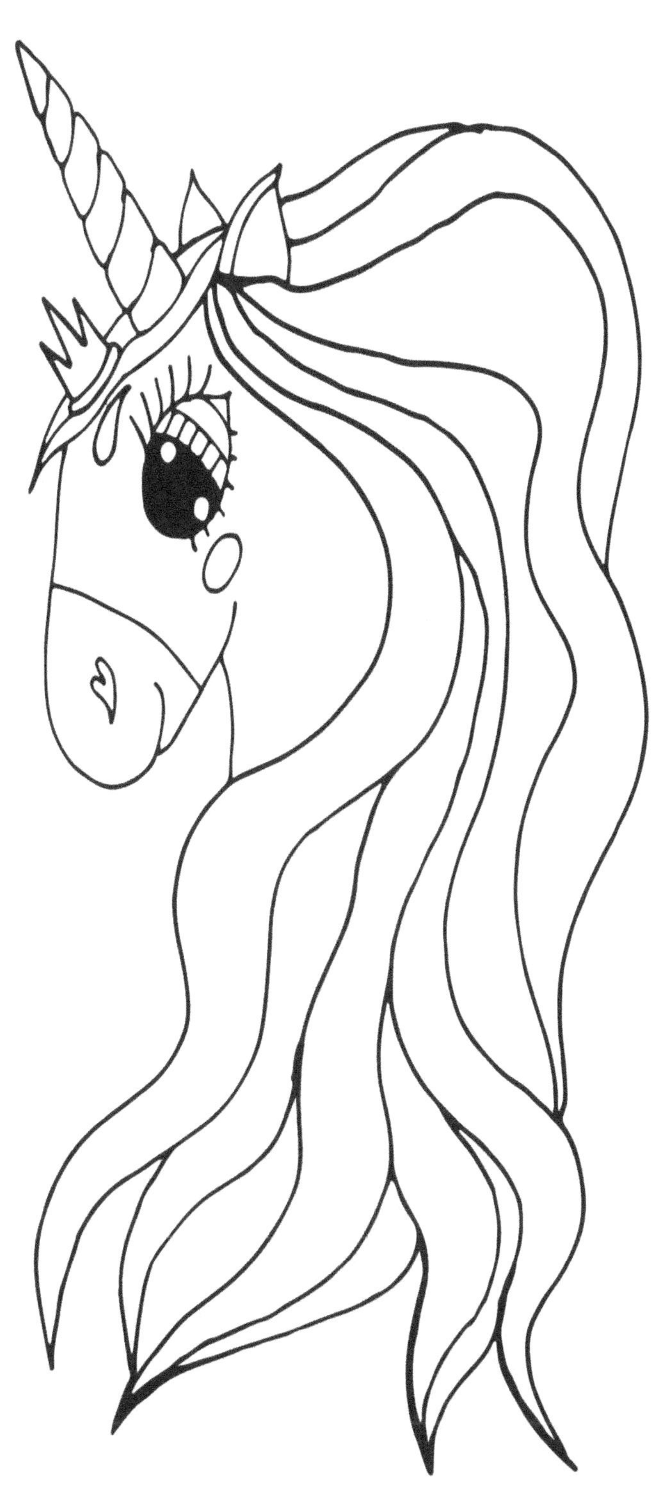

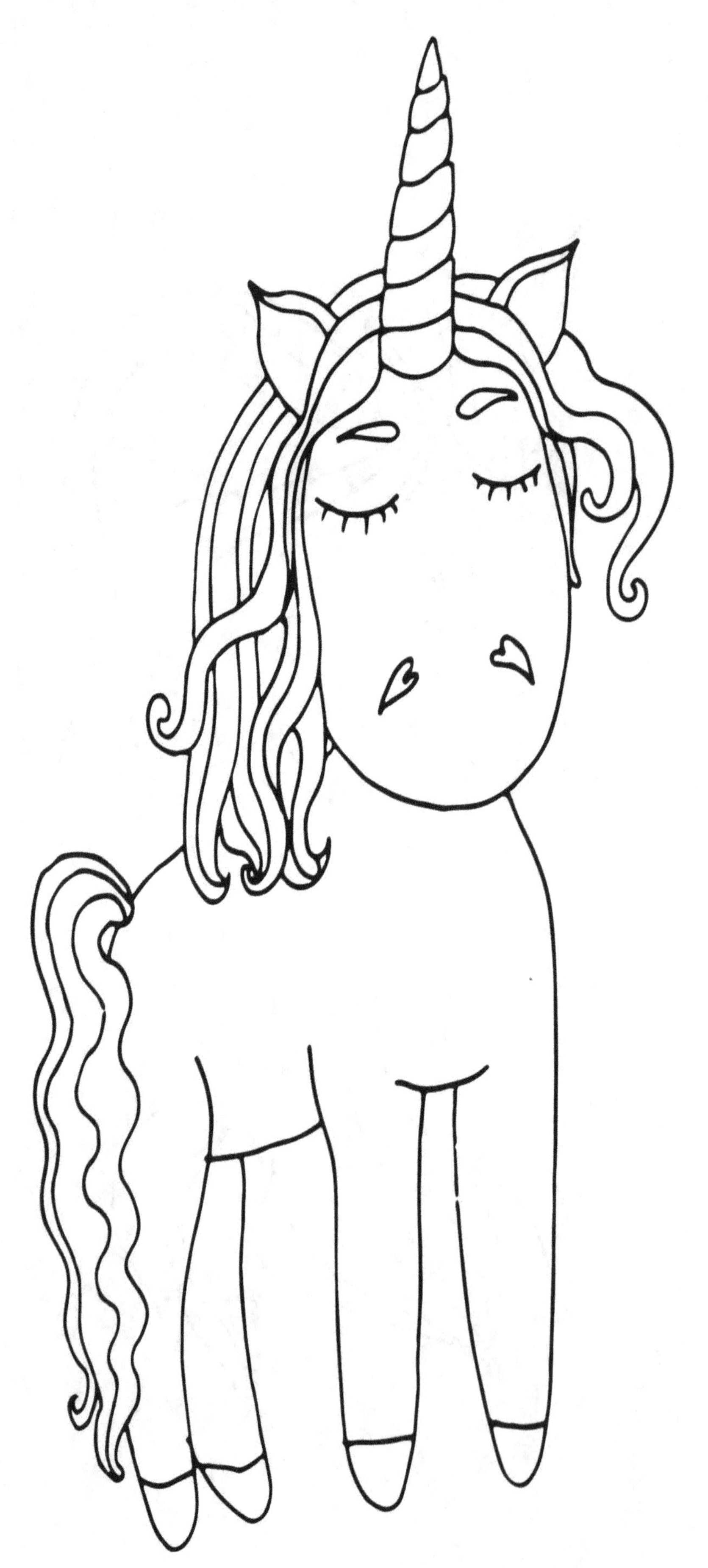

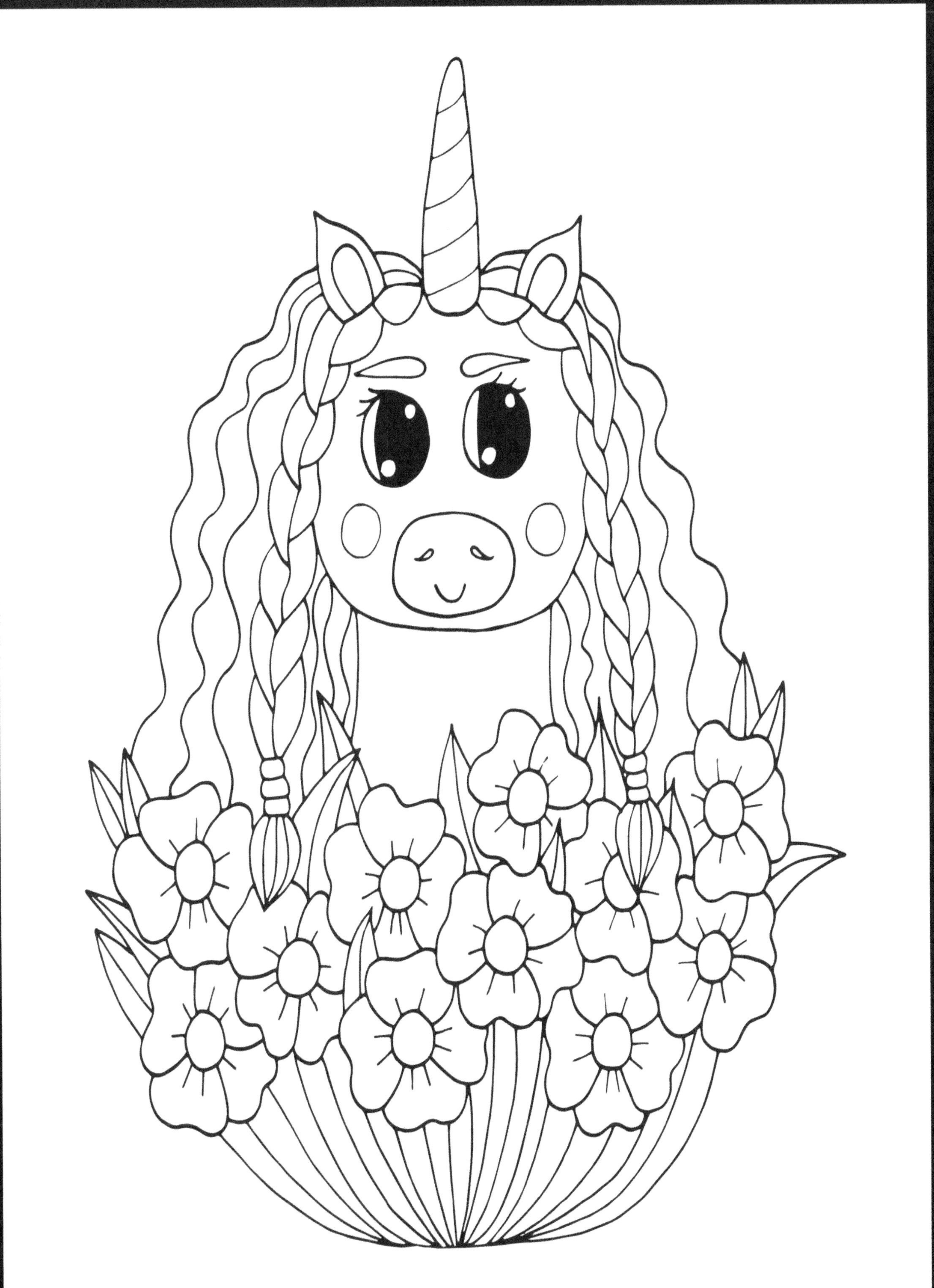

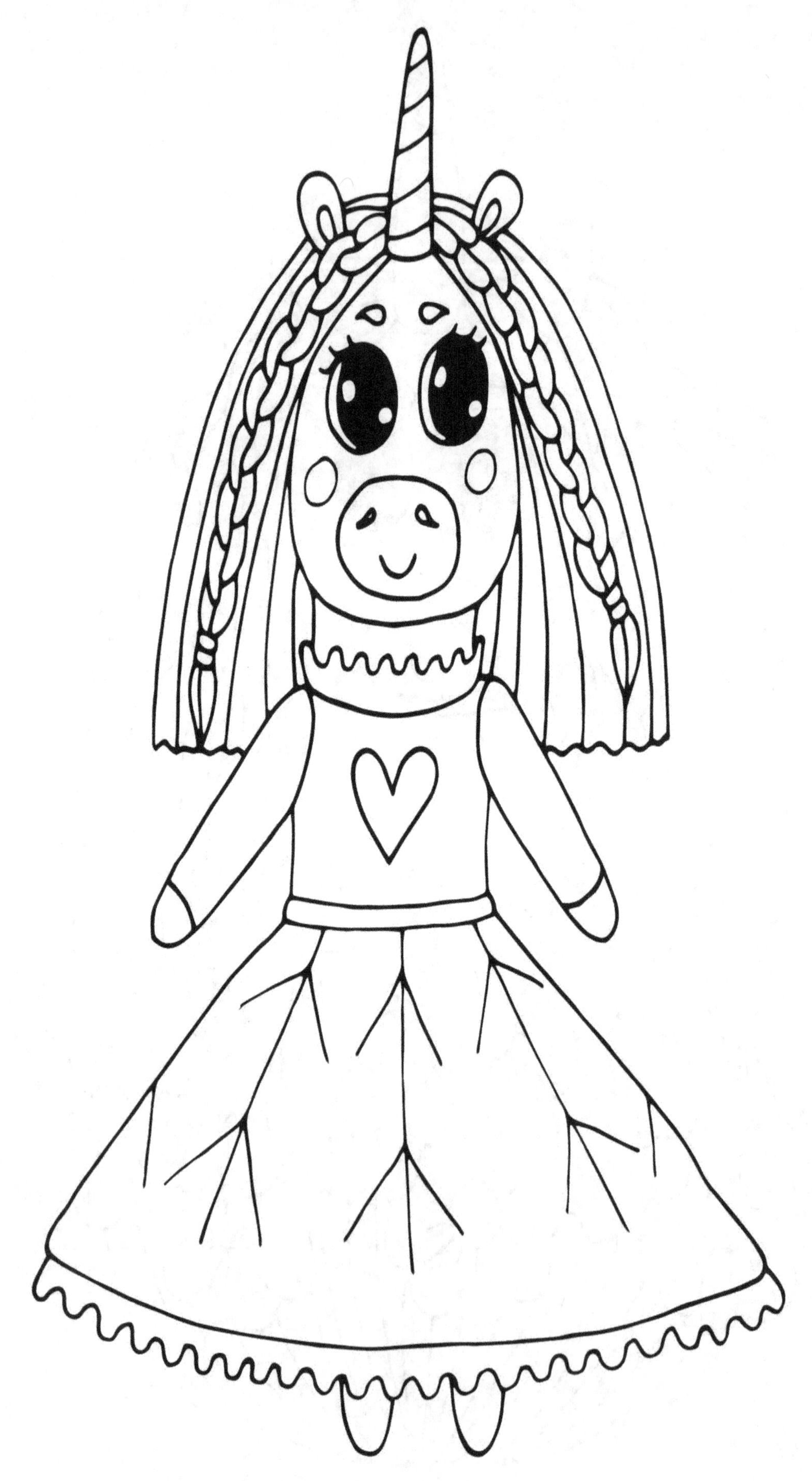

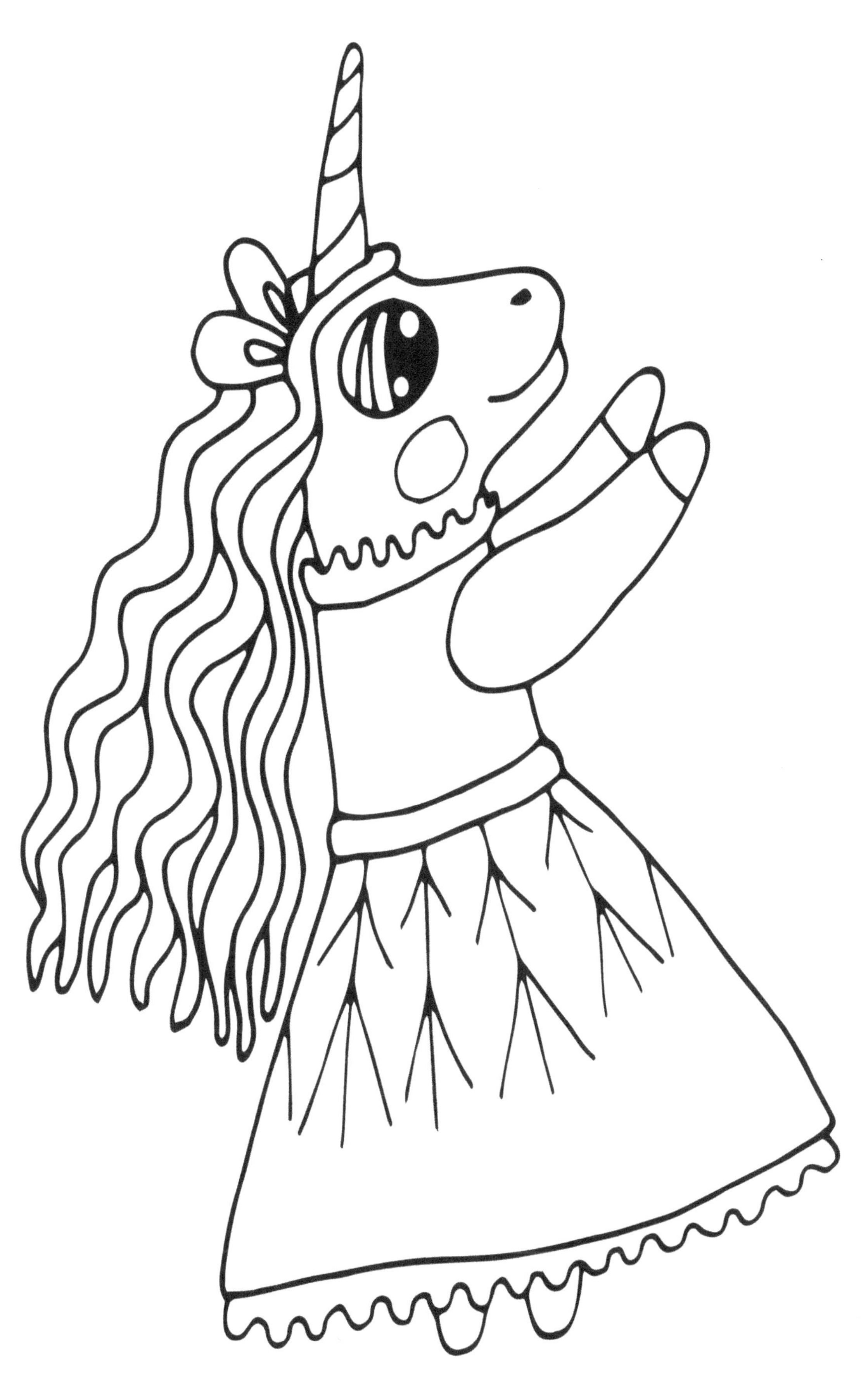

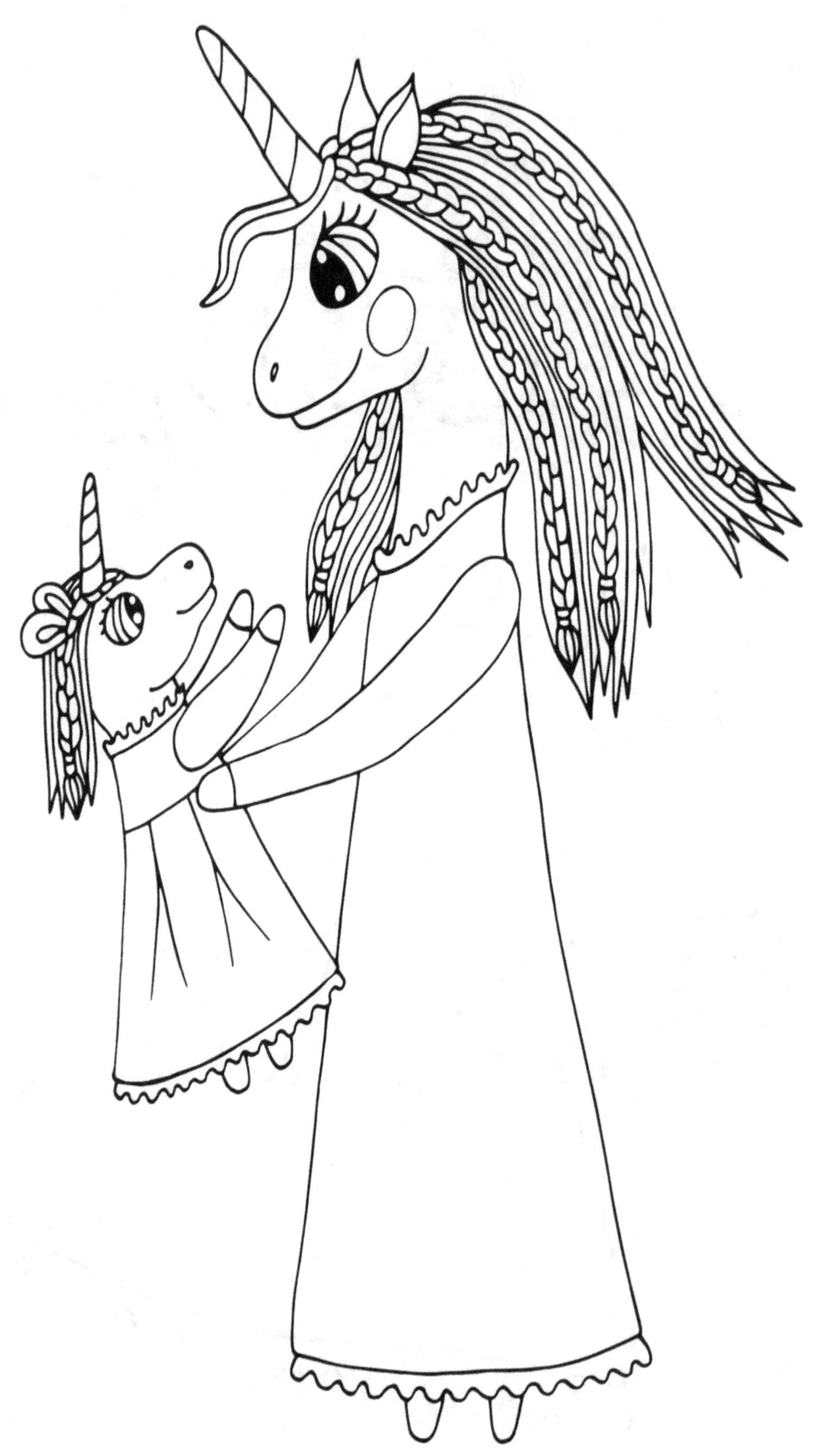

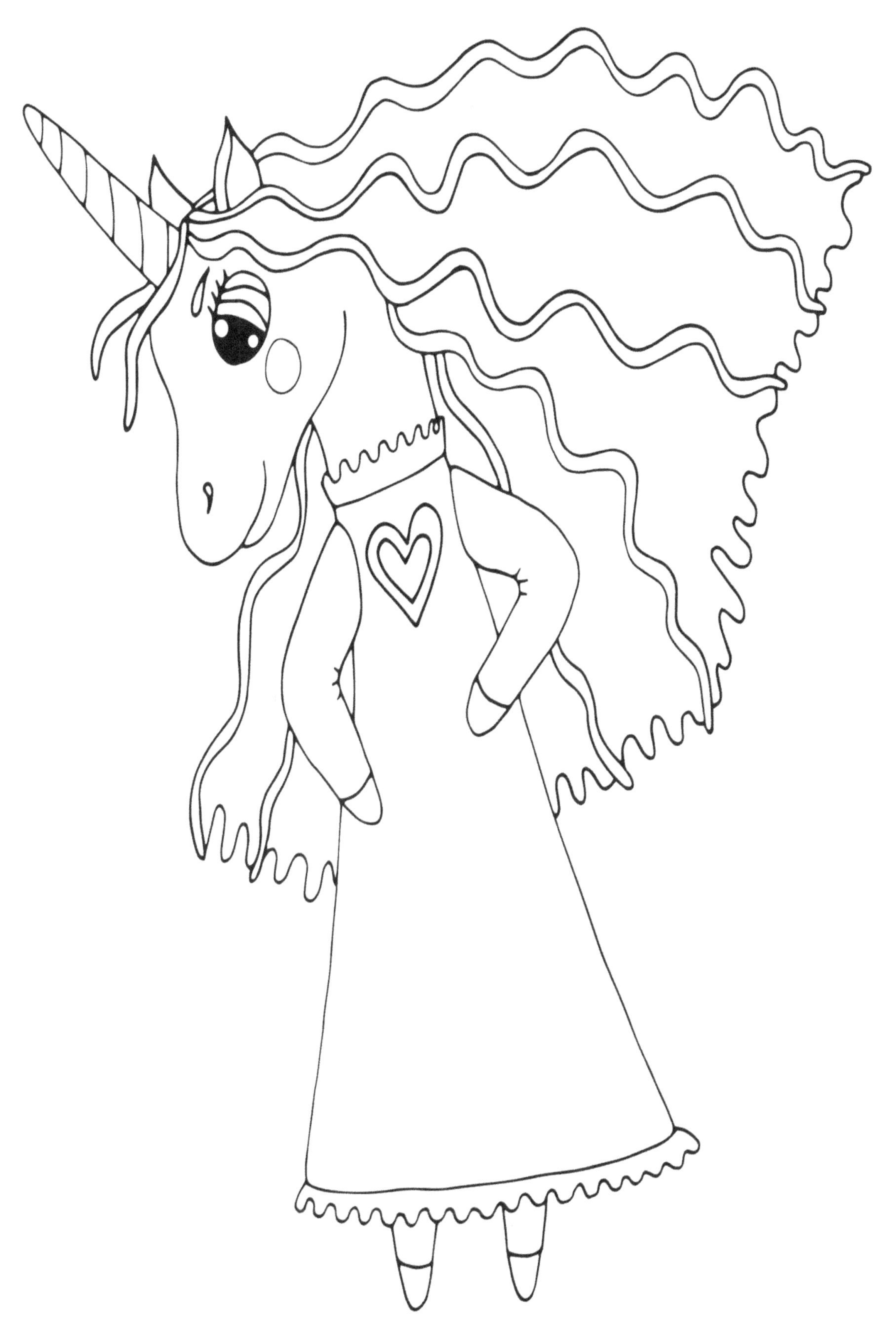

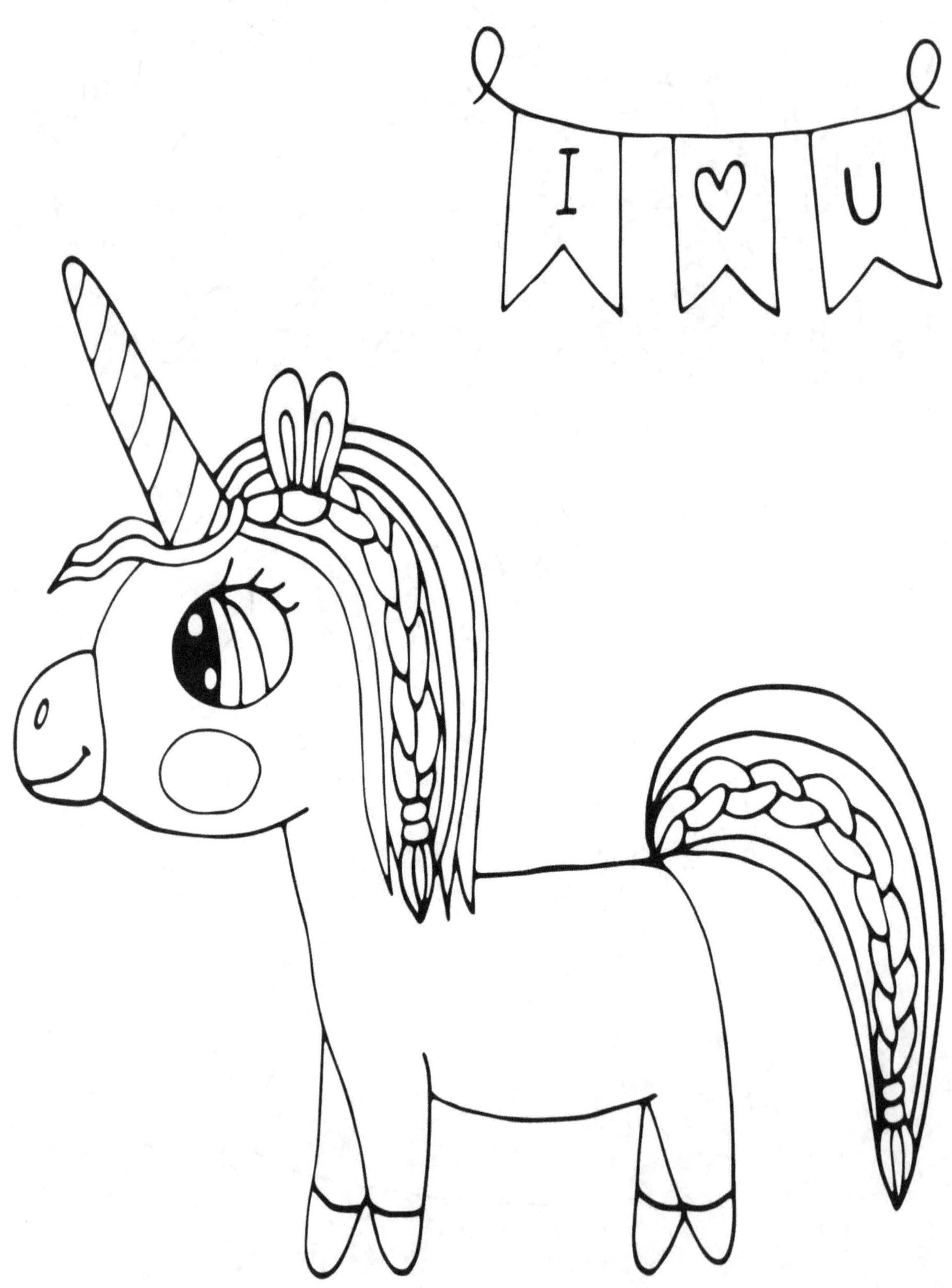

I
U

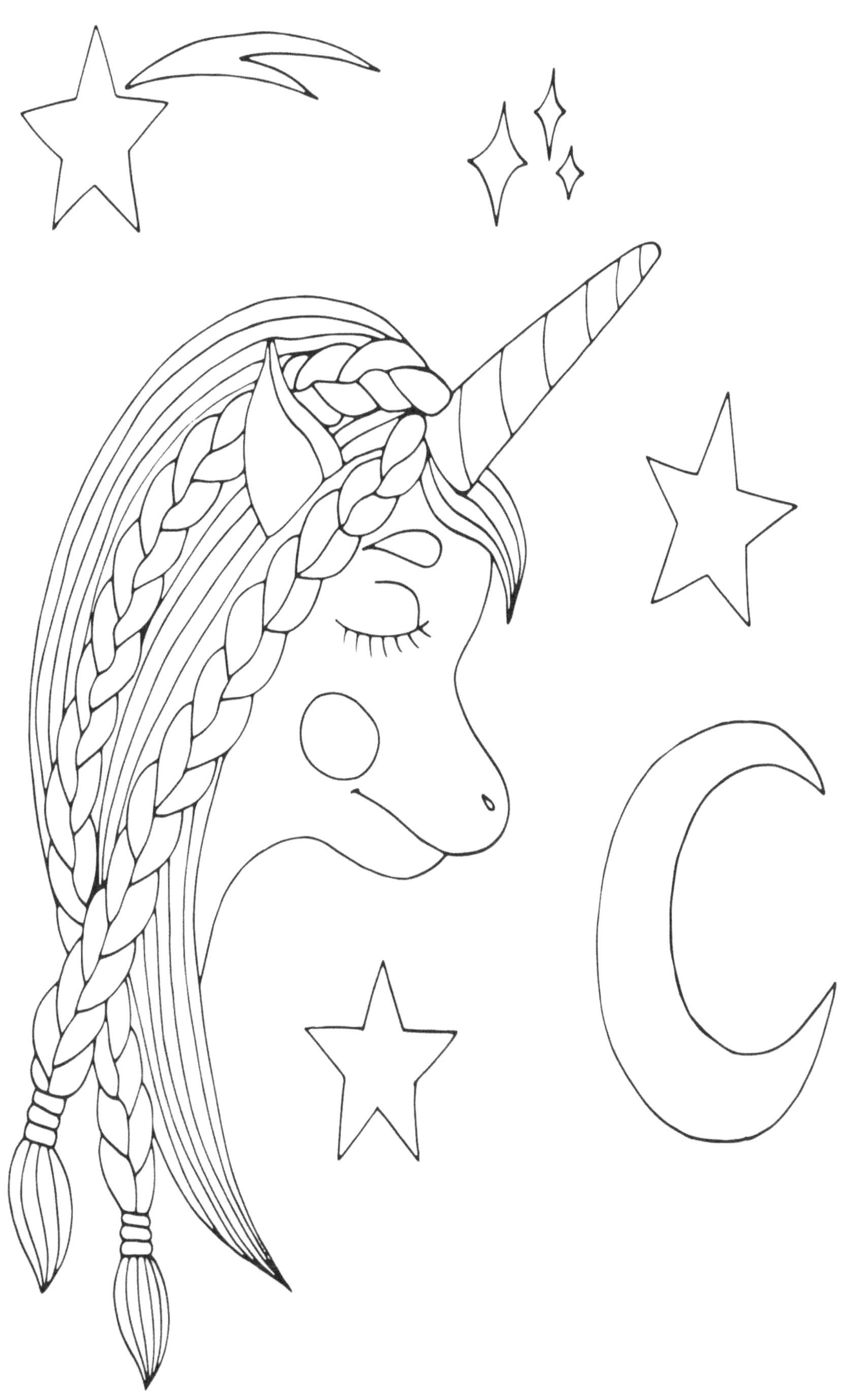

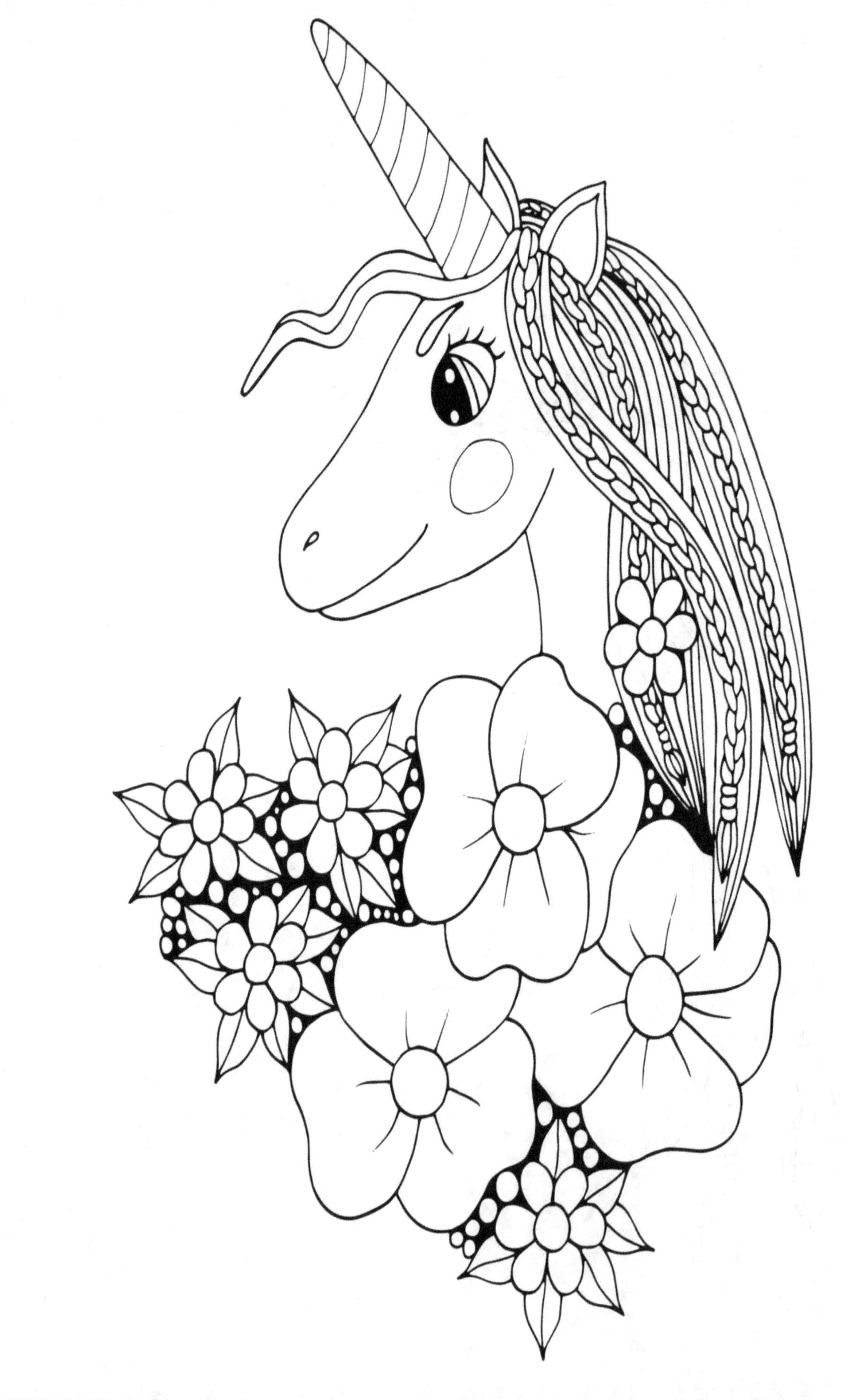

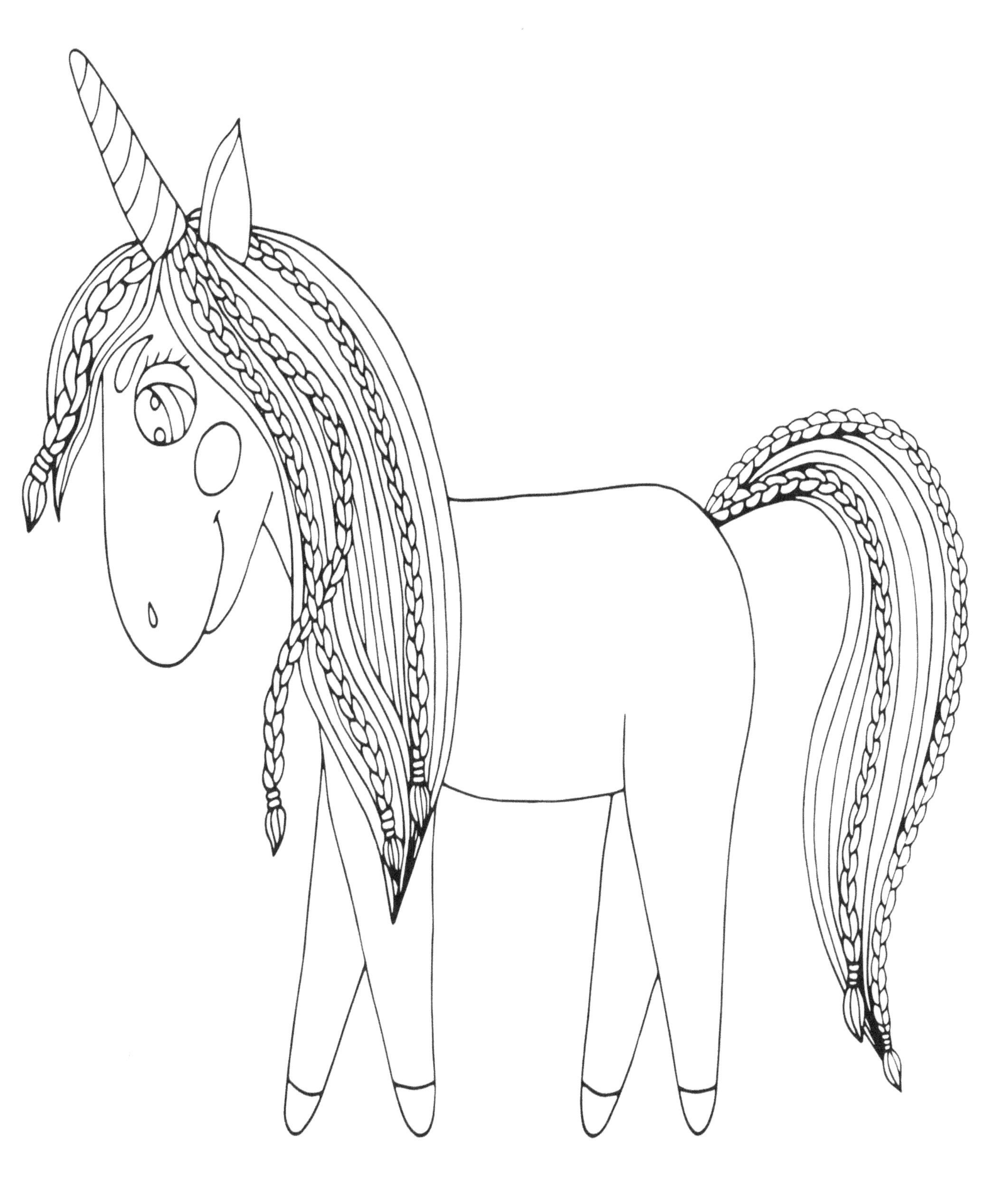

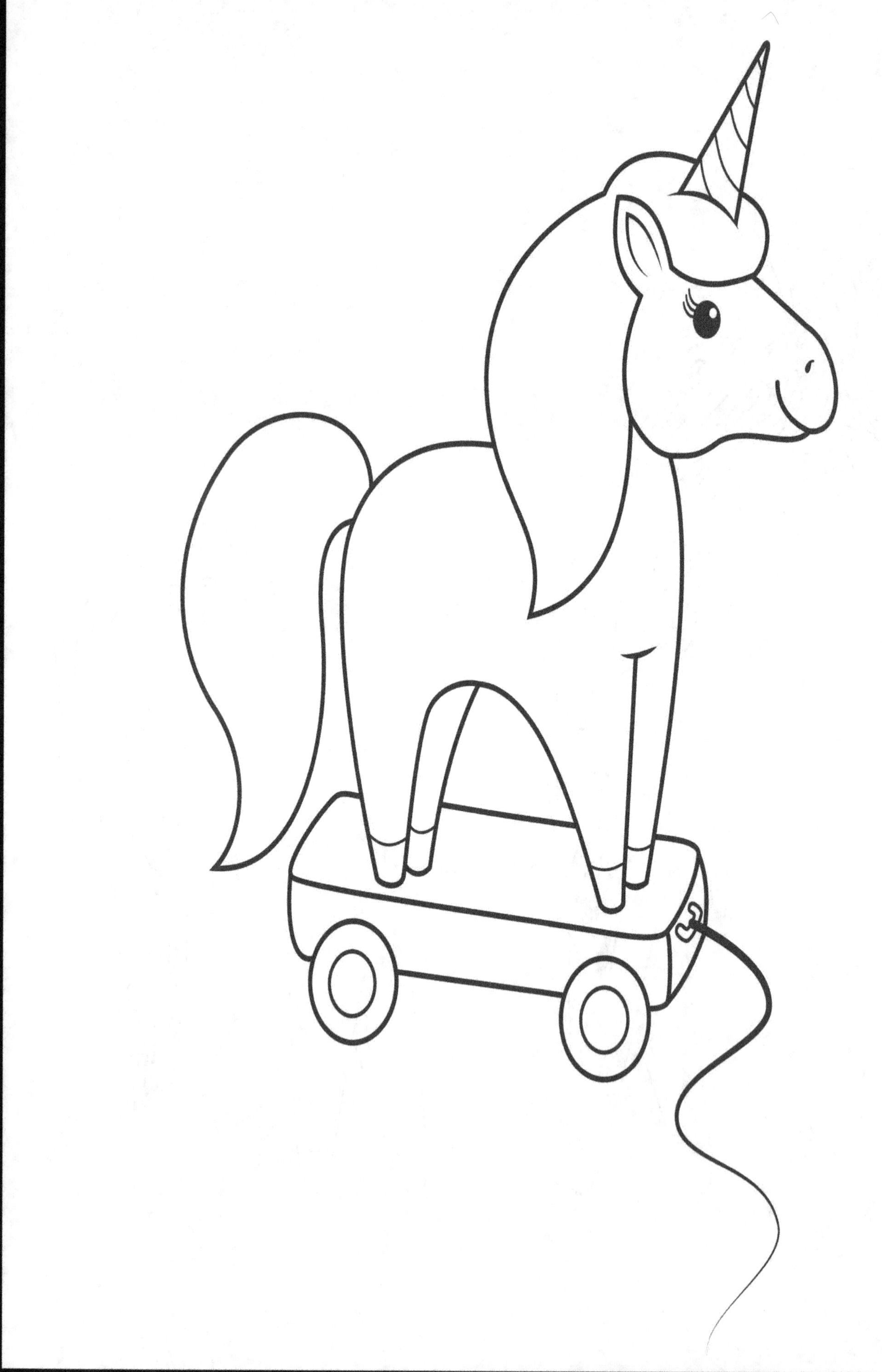

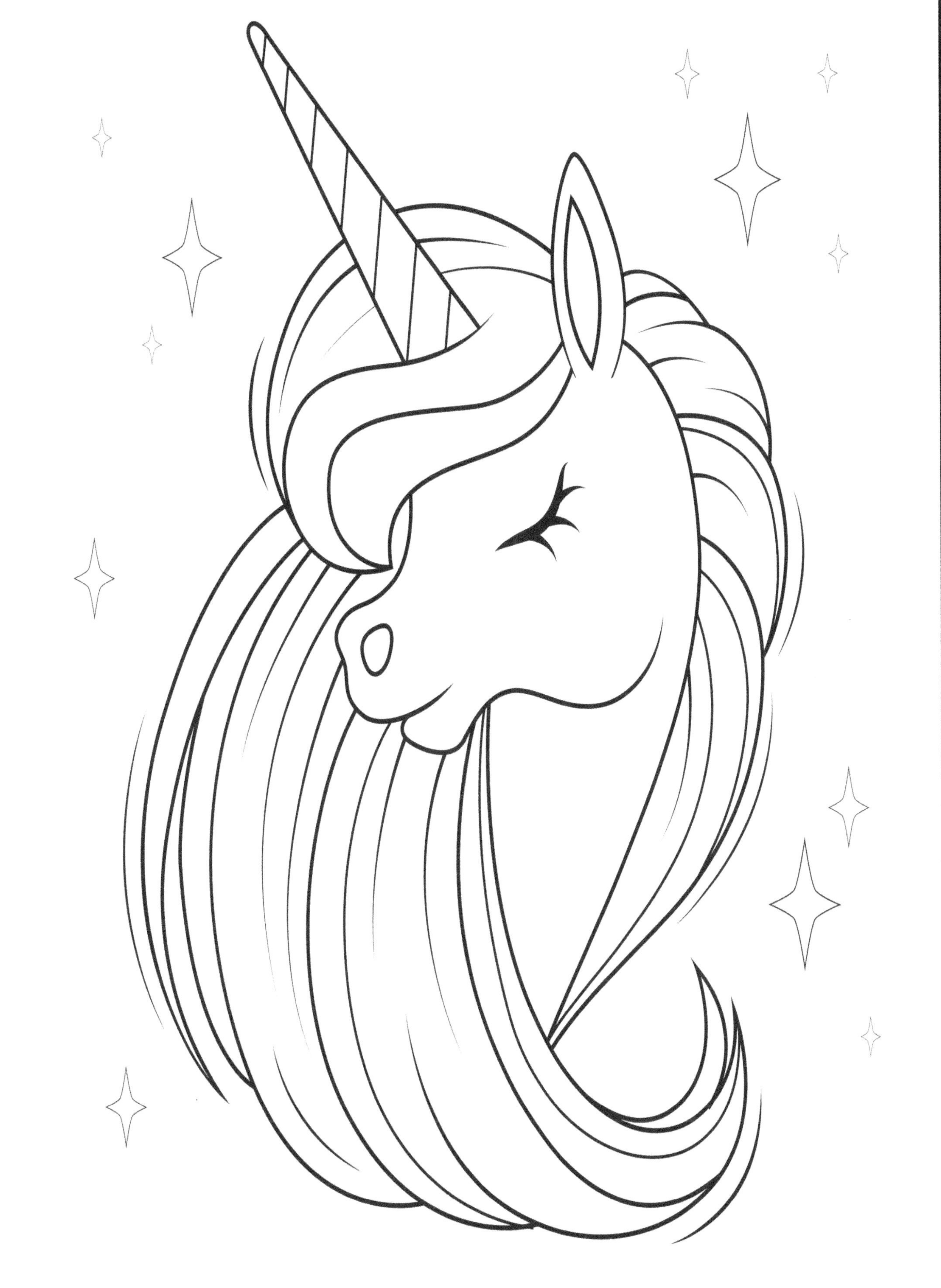

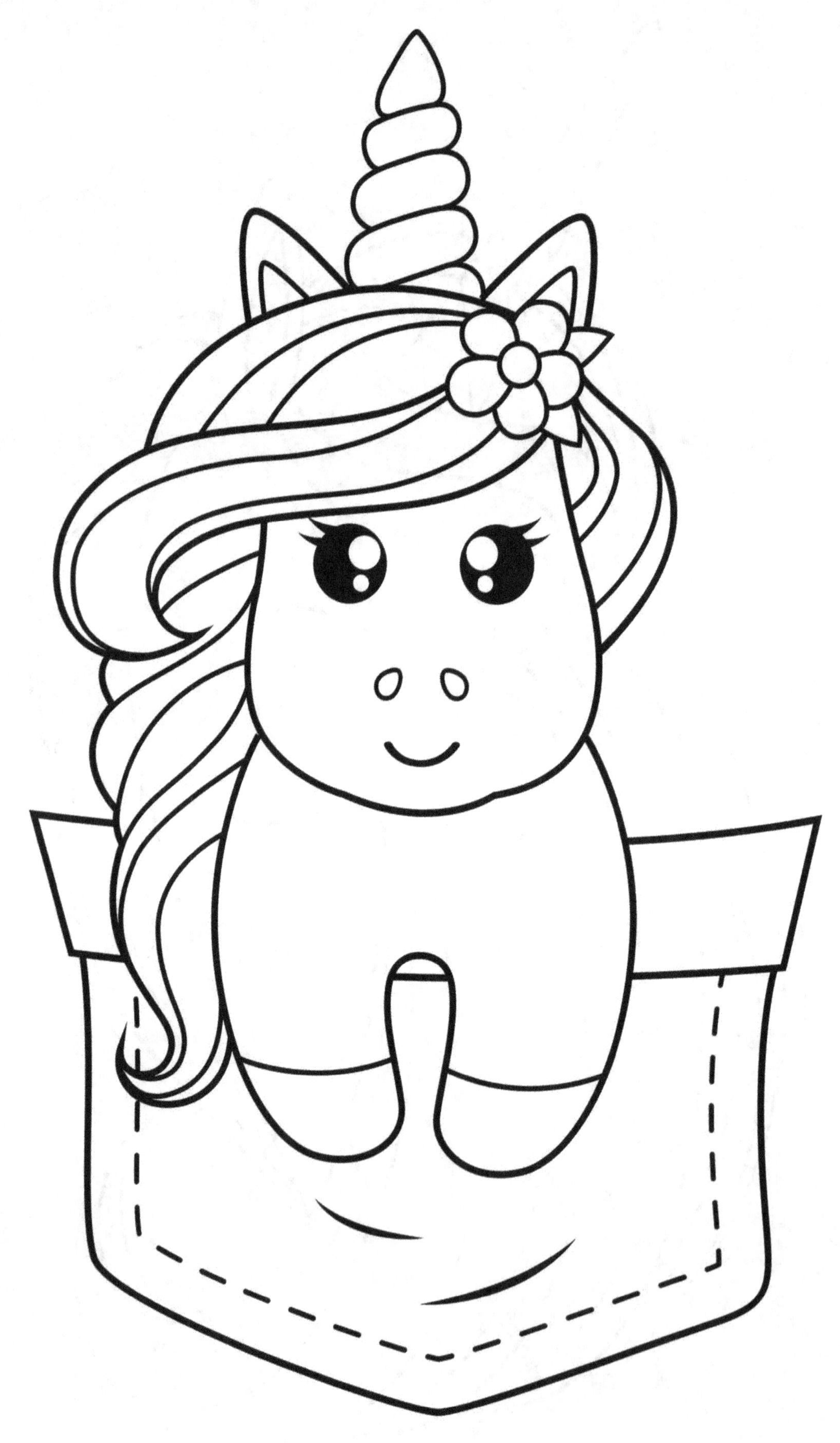

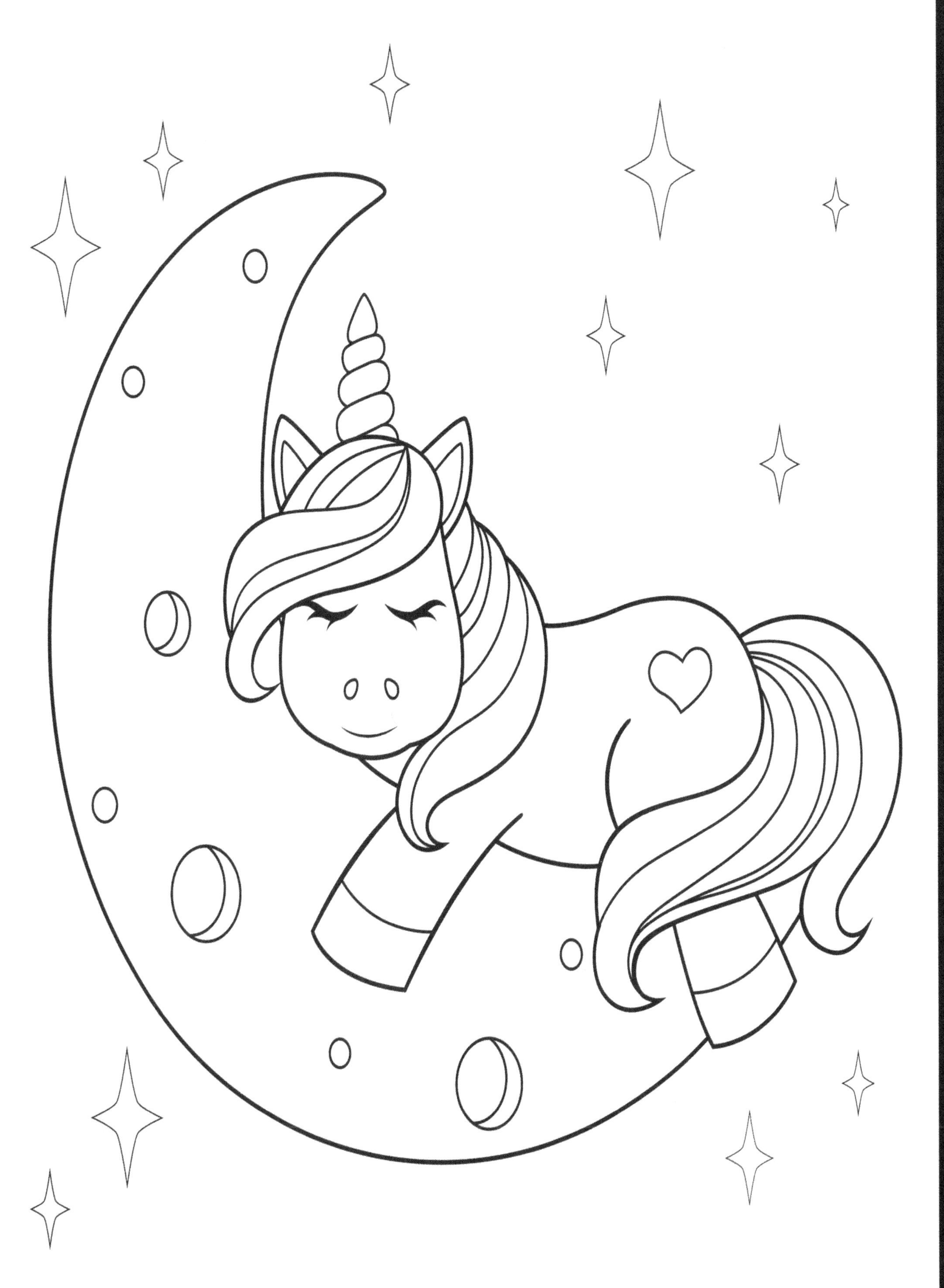

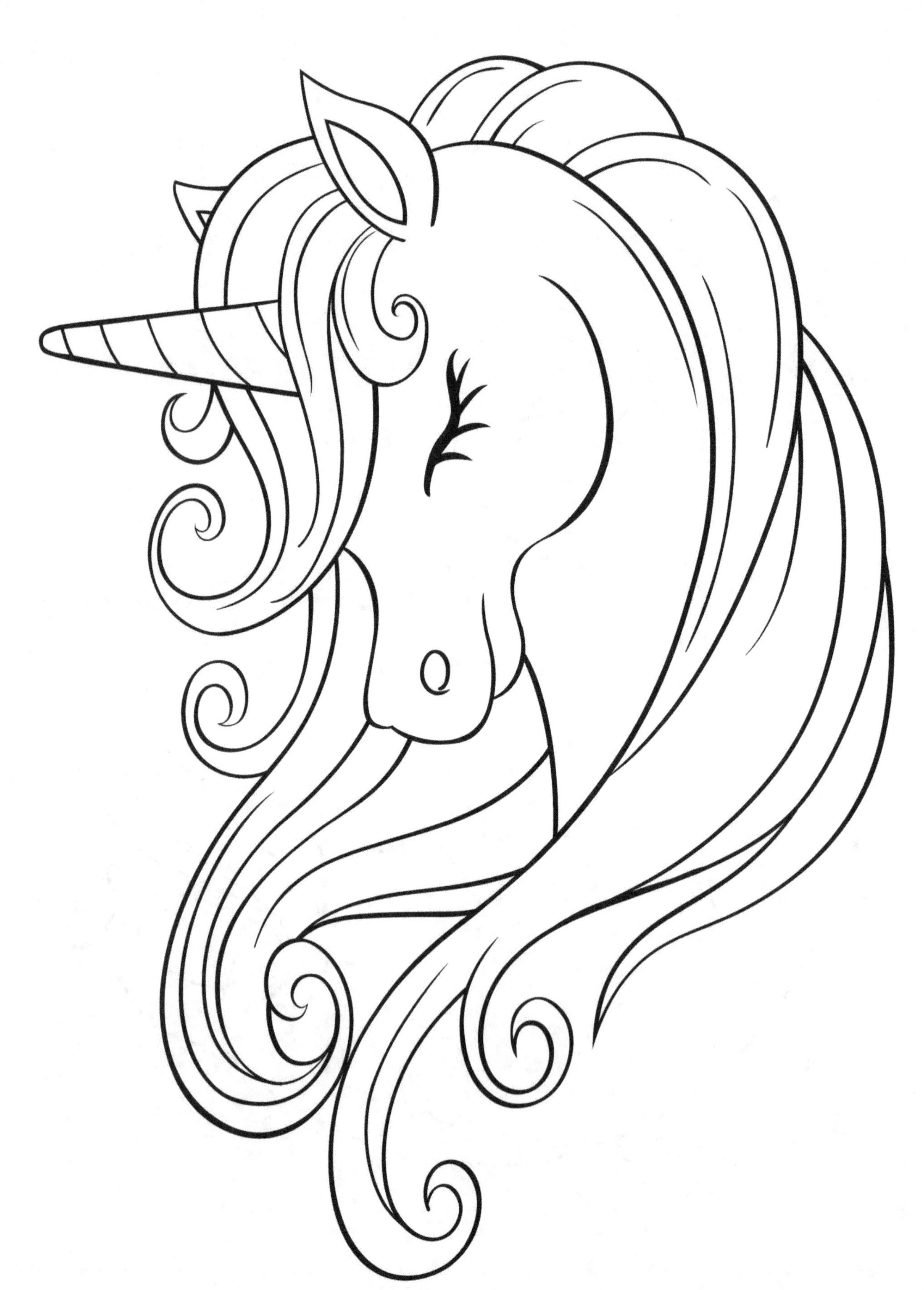

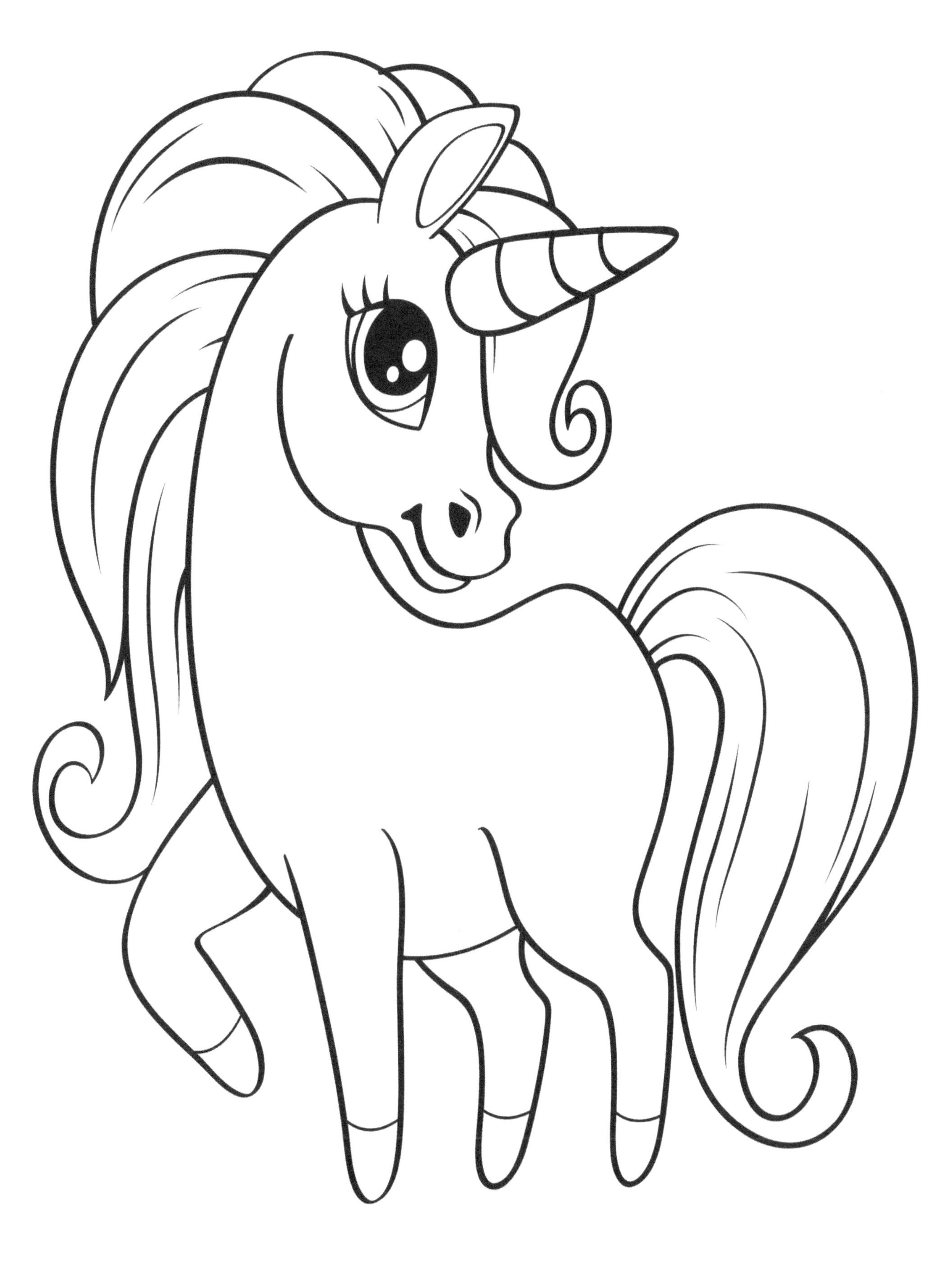

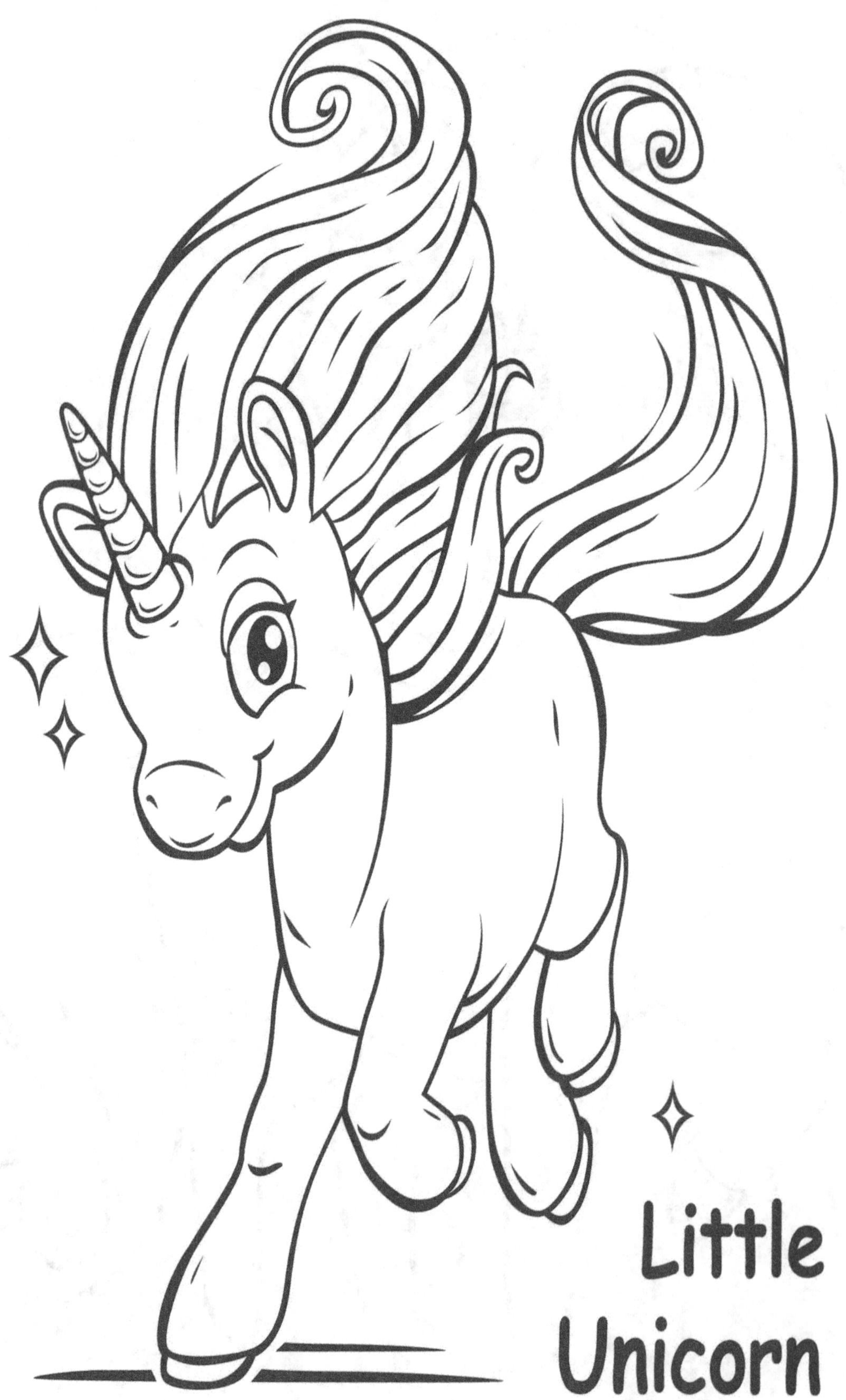

Little

Unicorn

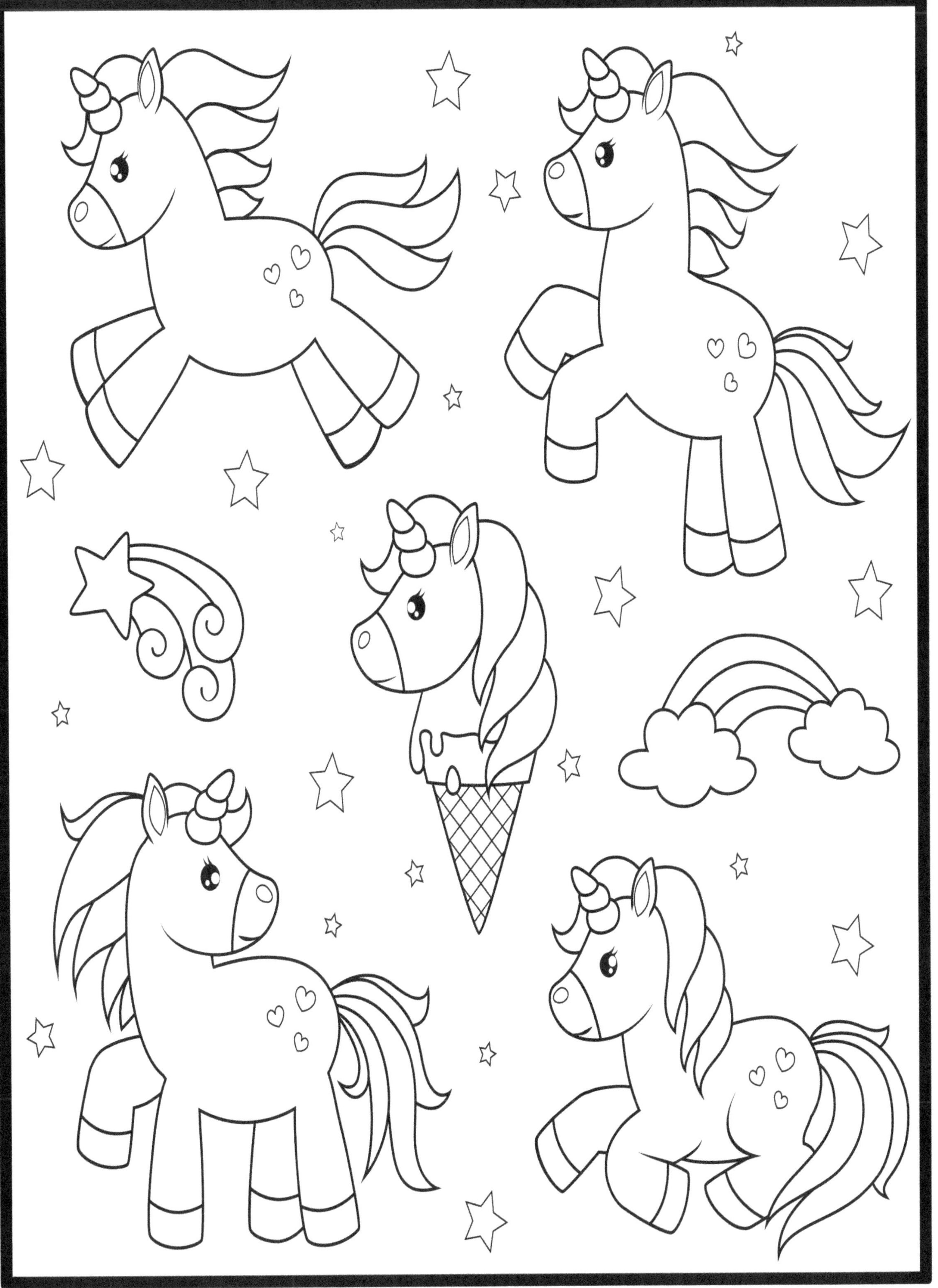

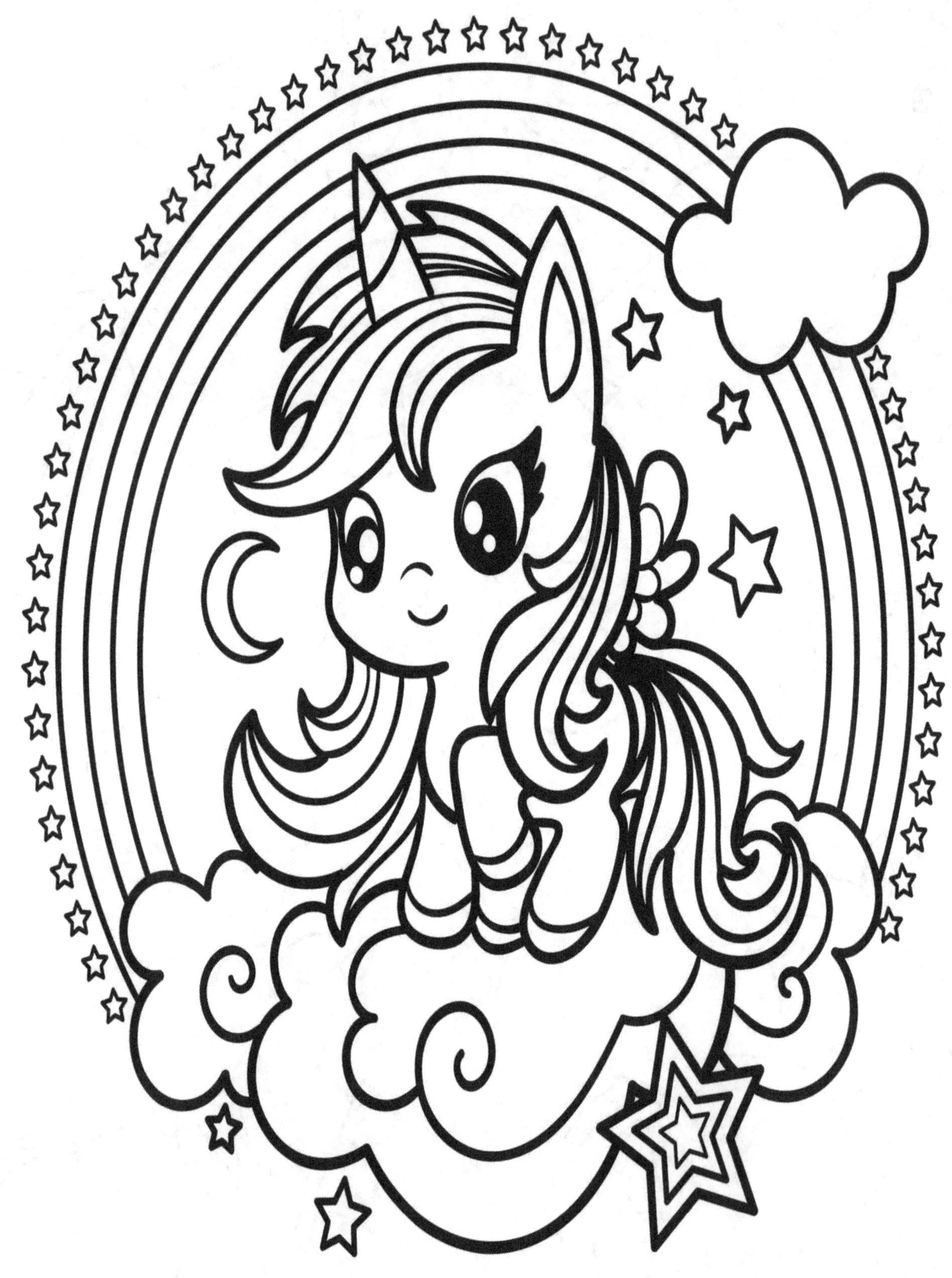

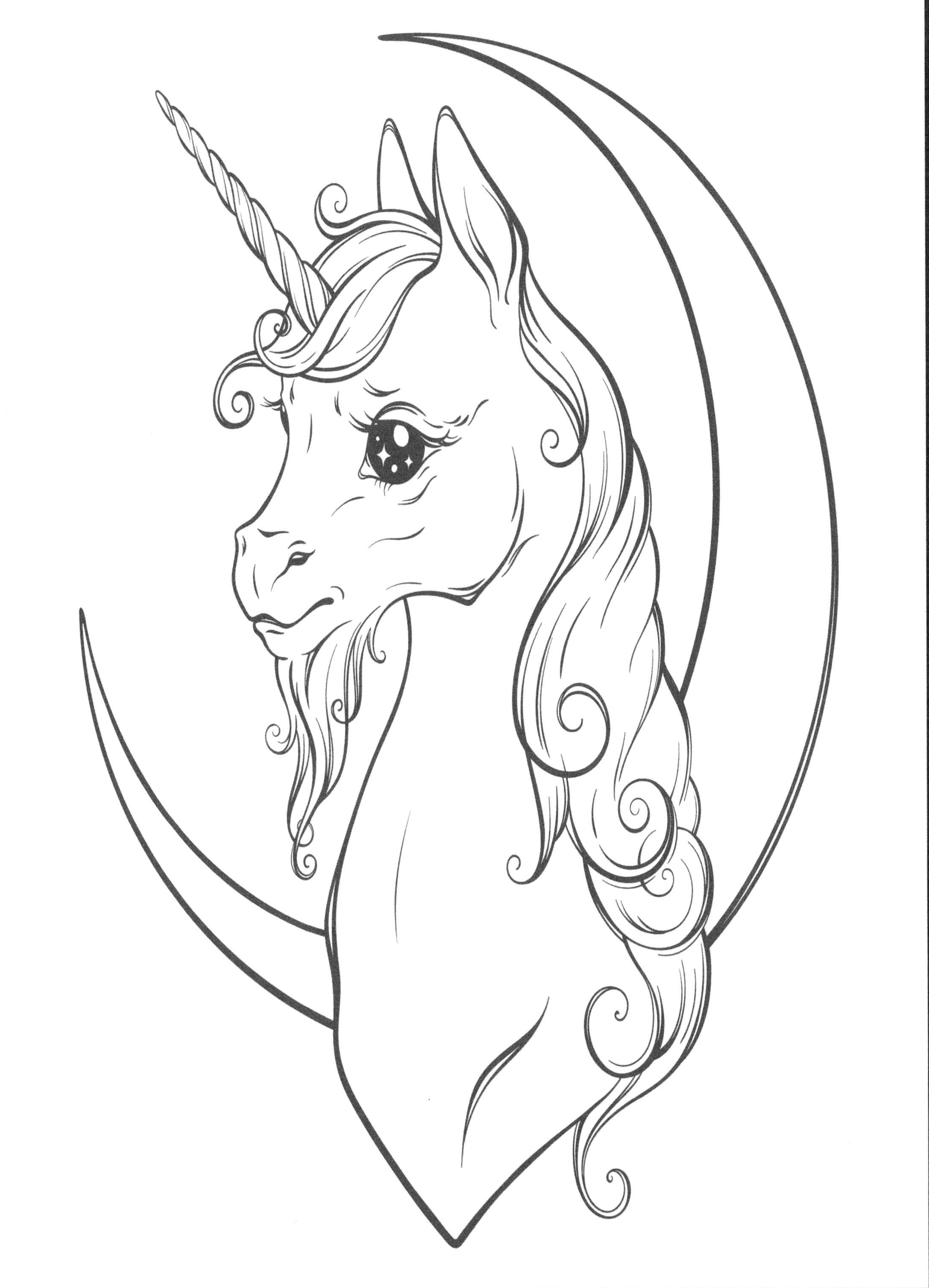

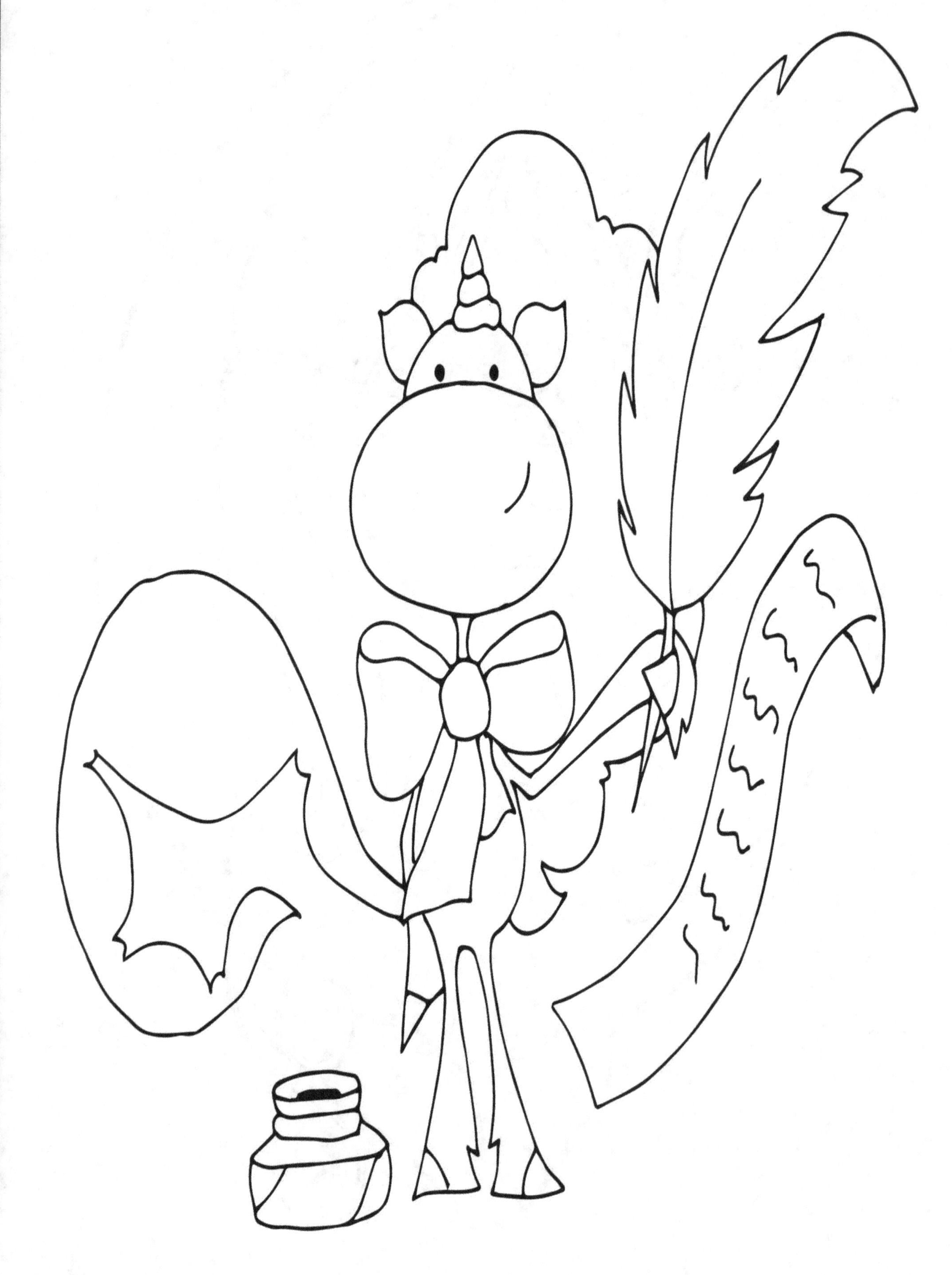

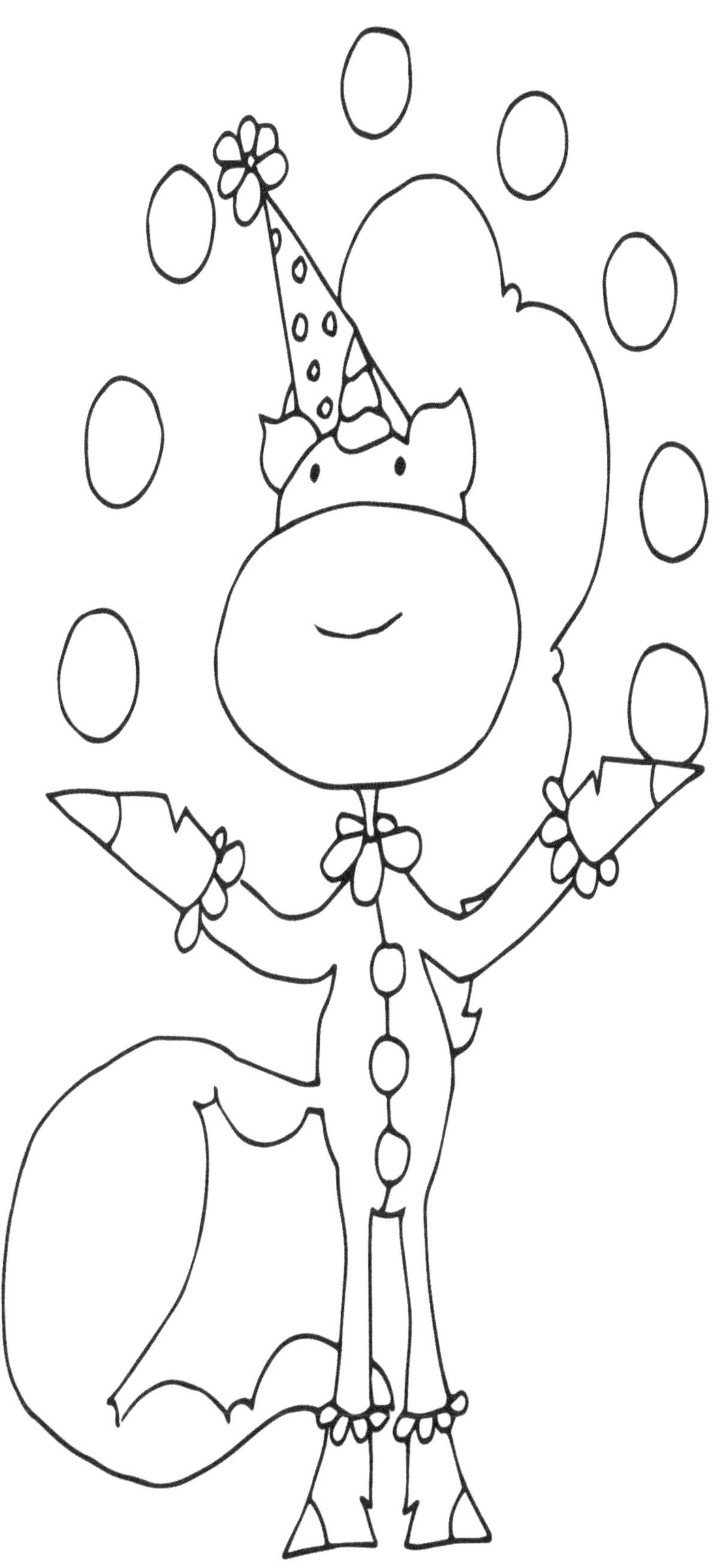

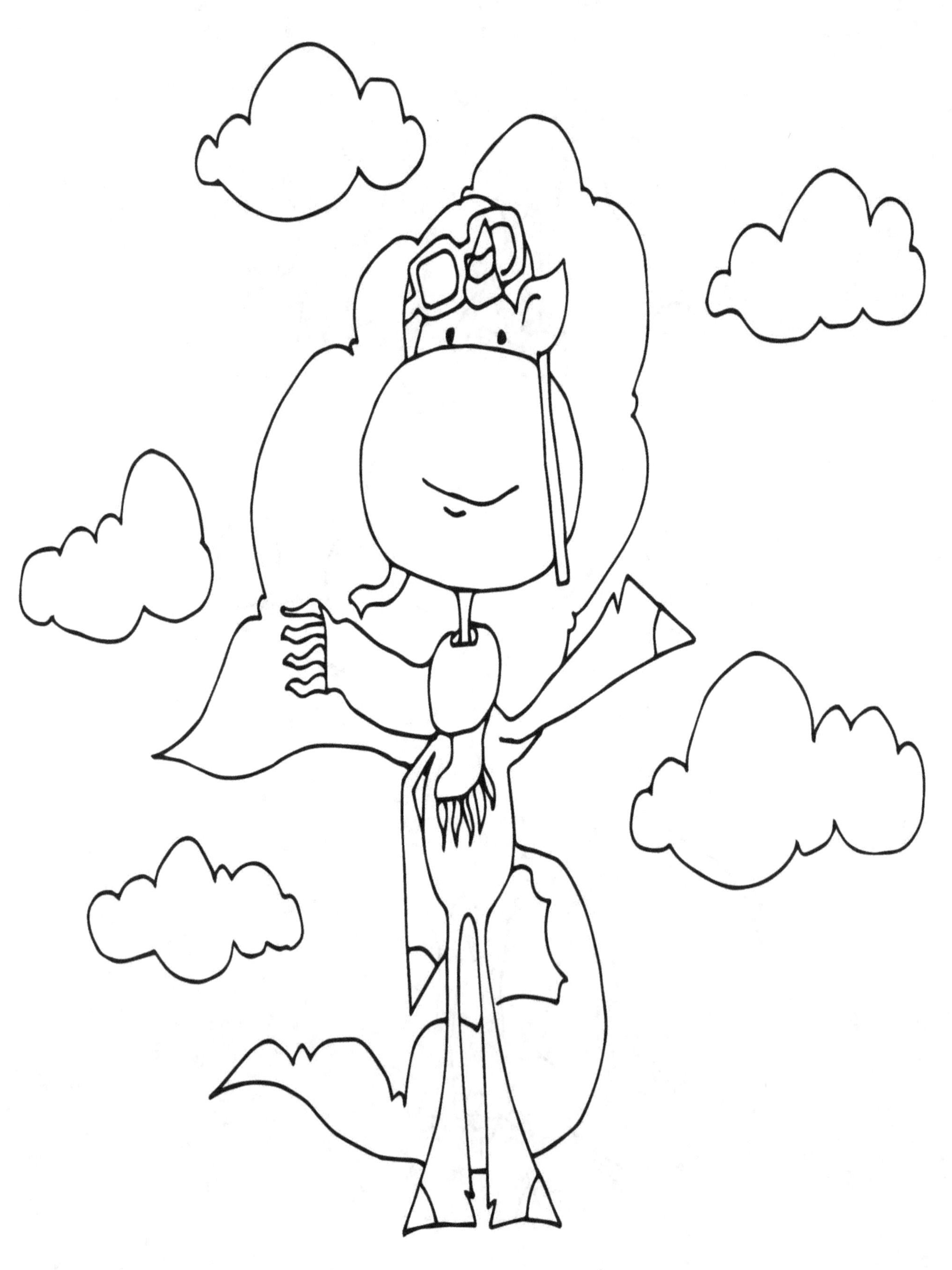

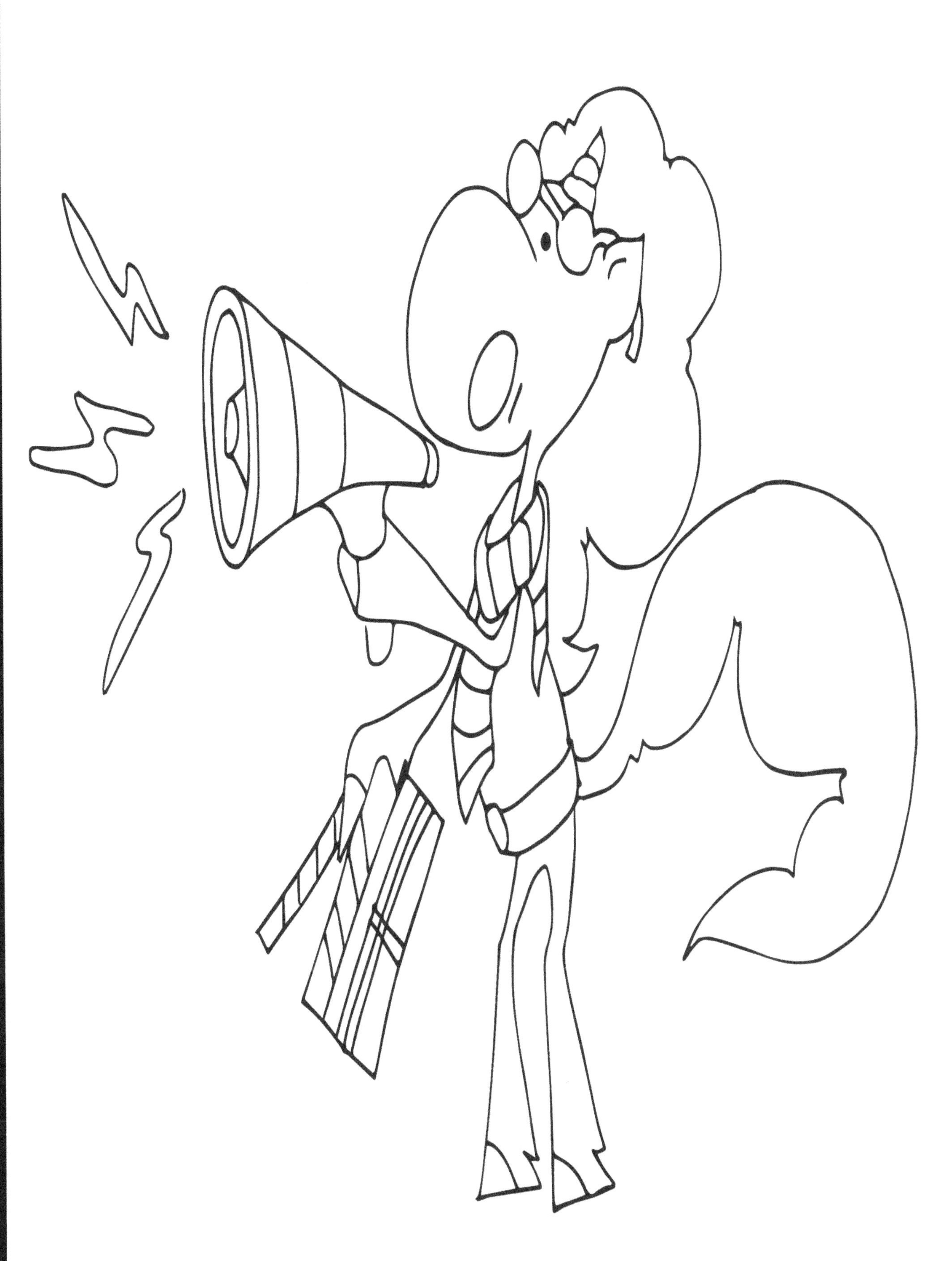

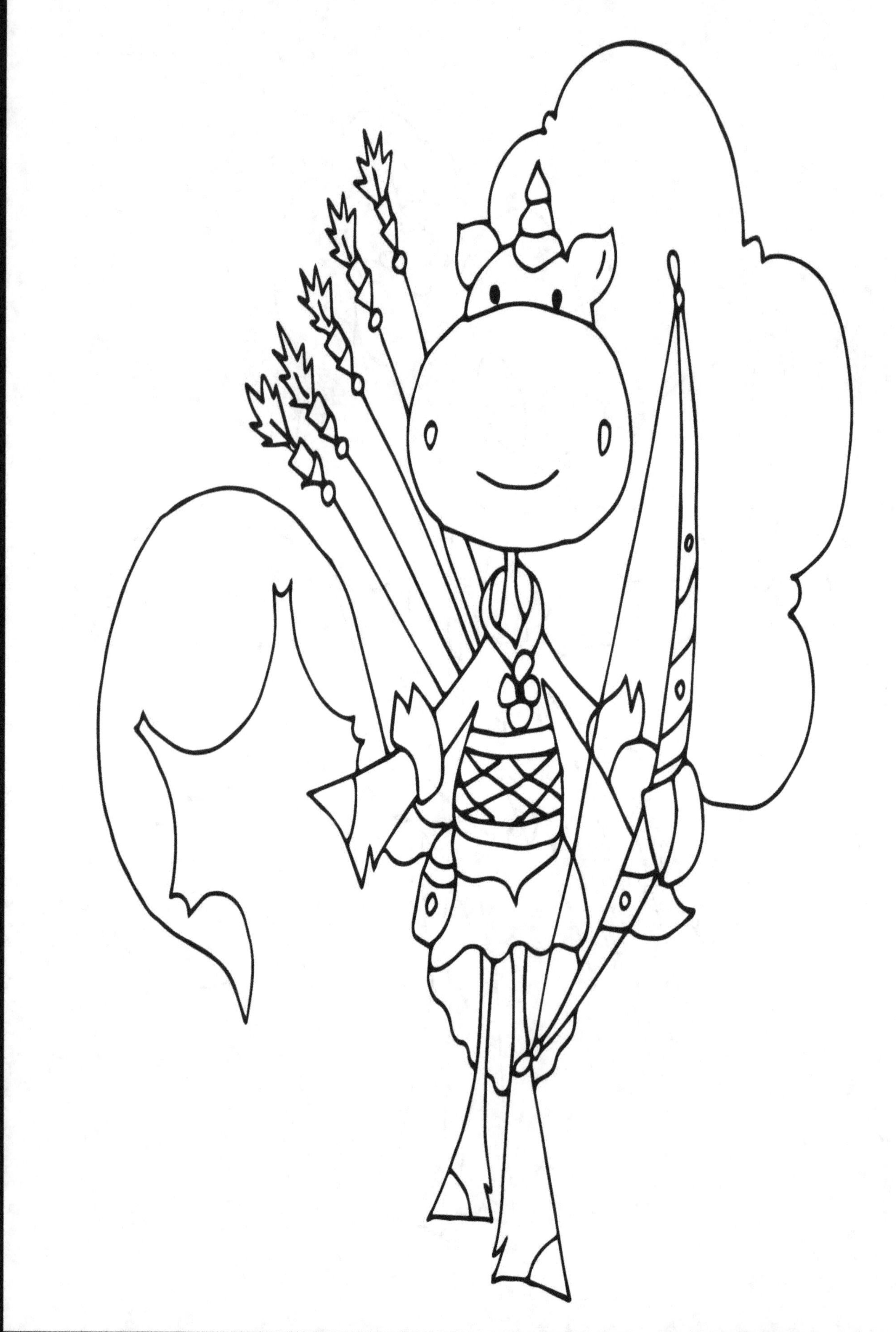

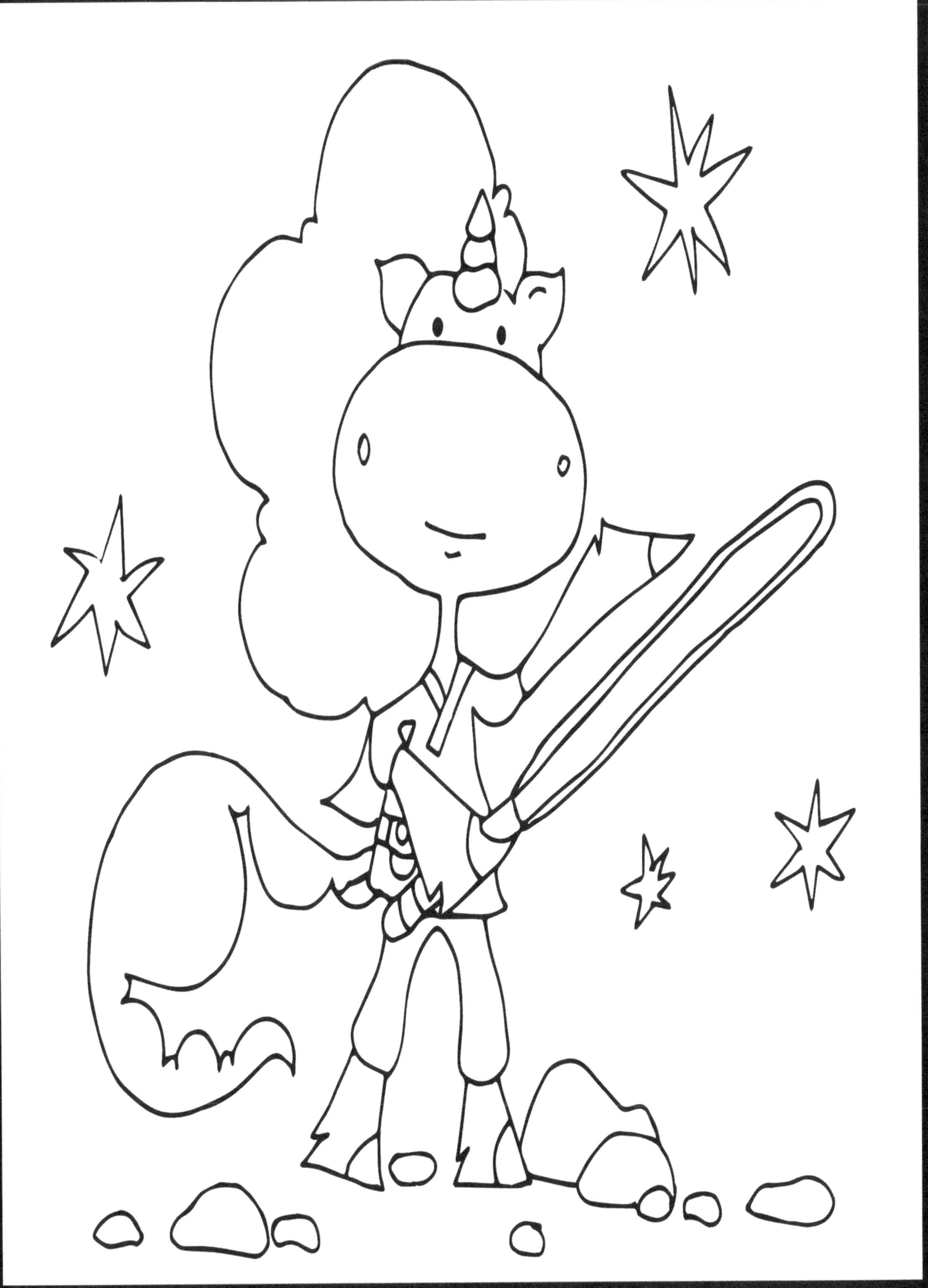

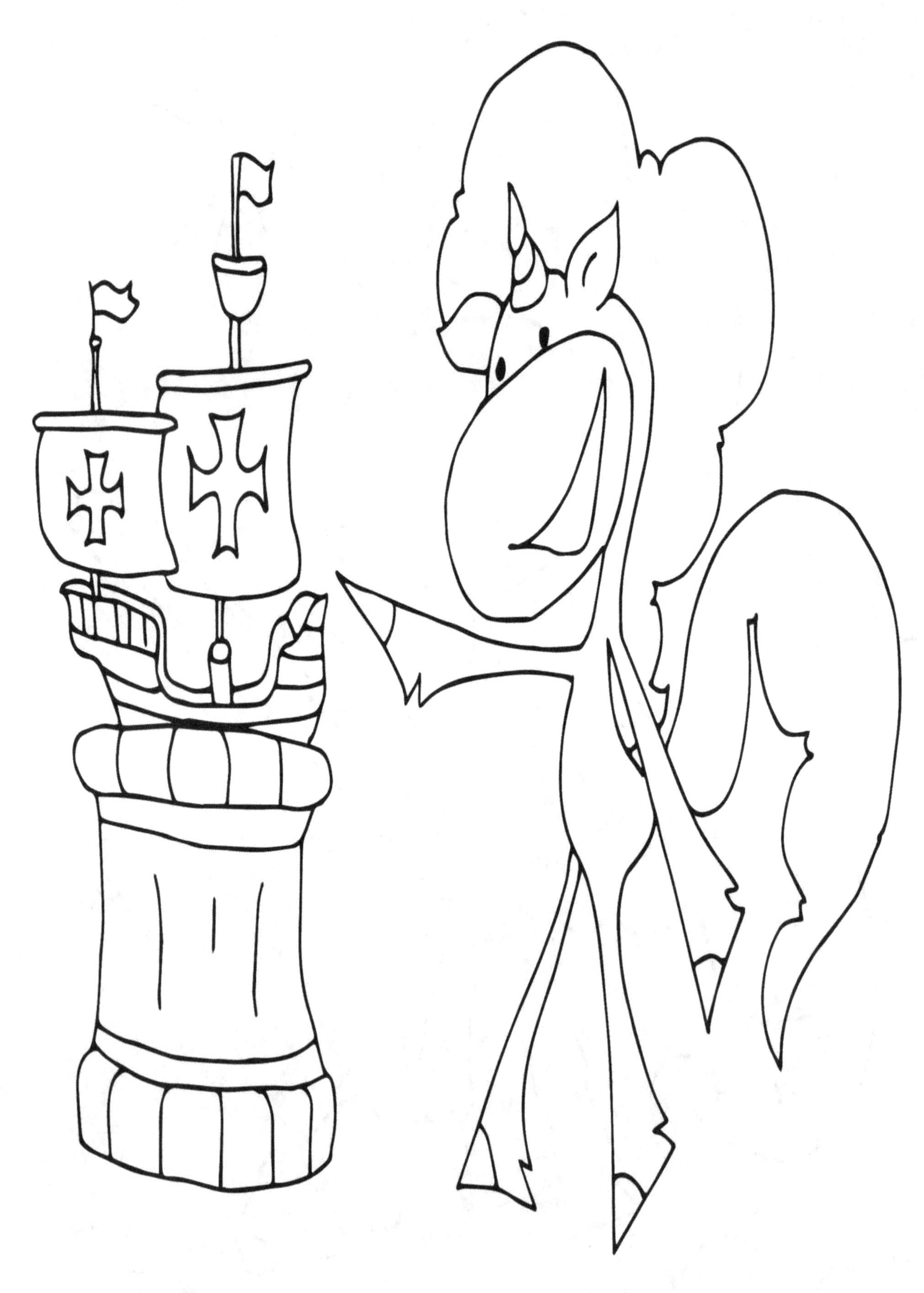

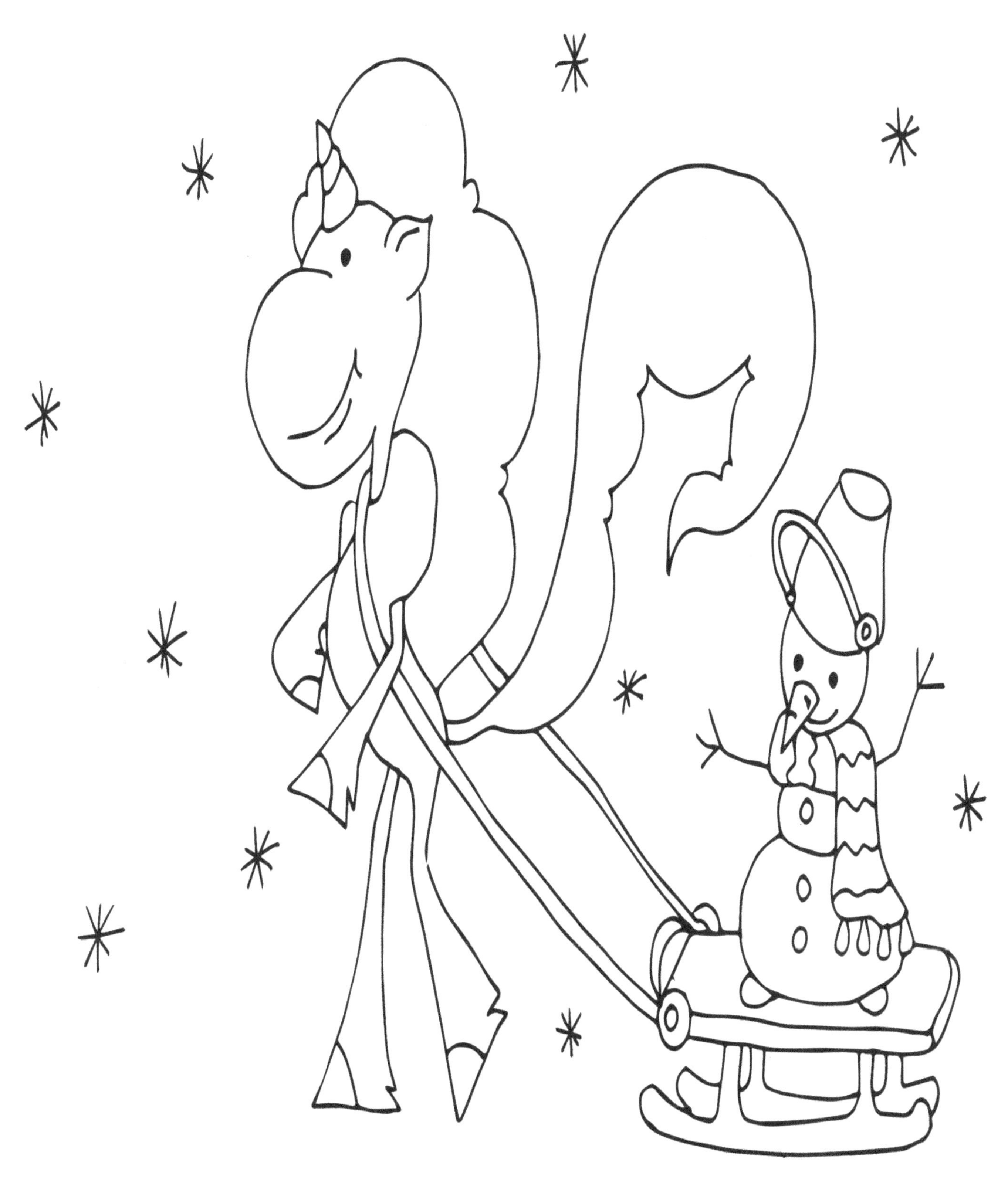

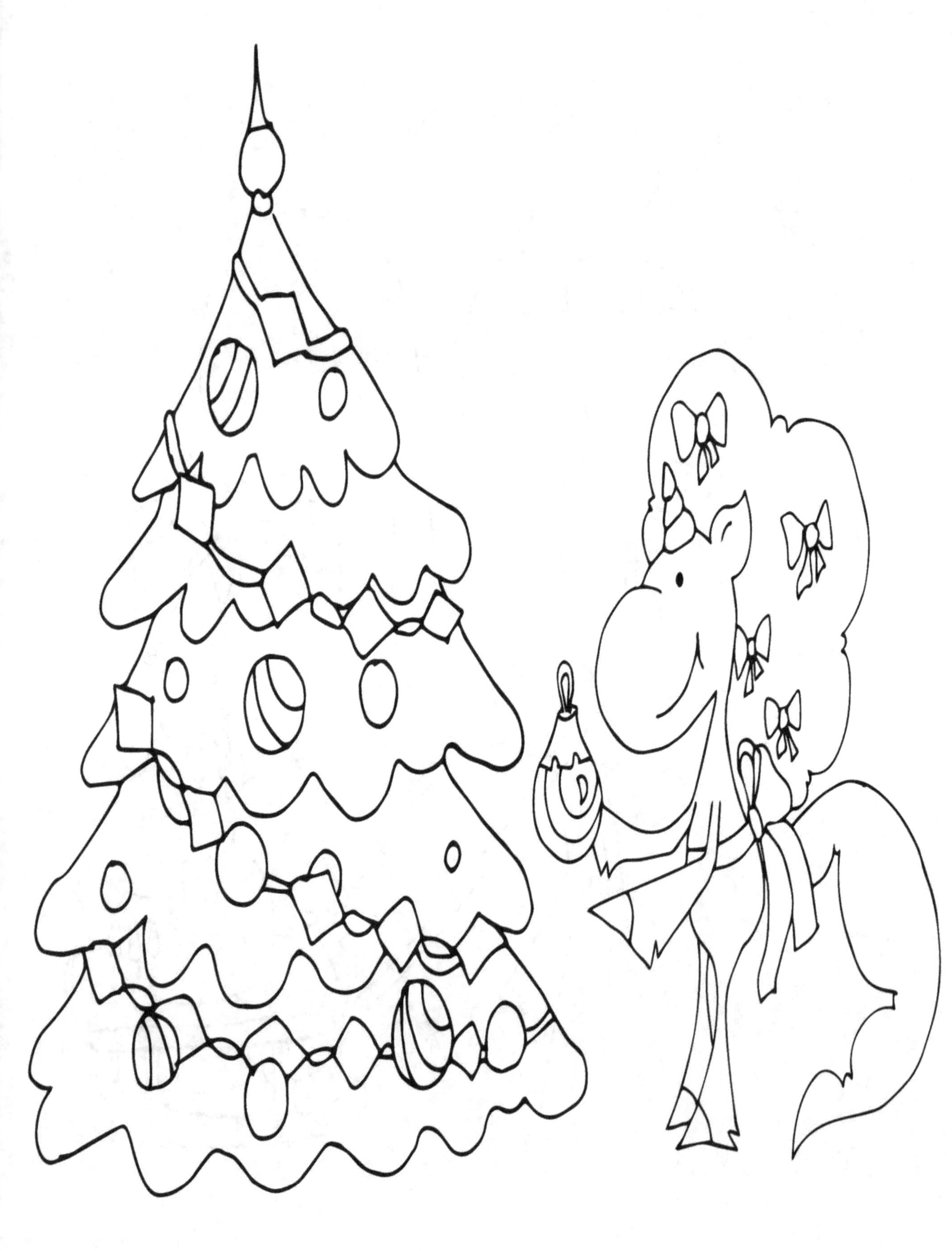

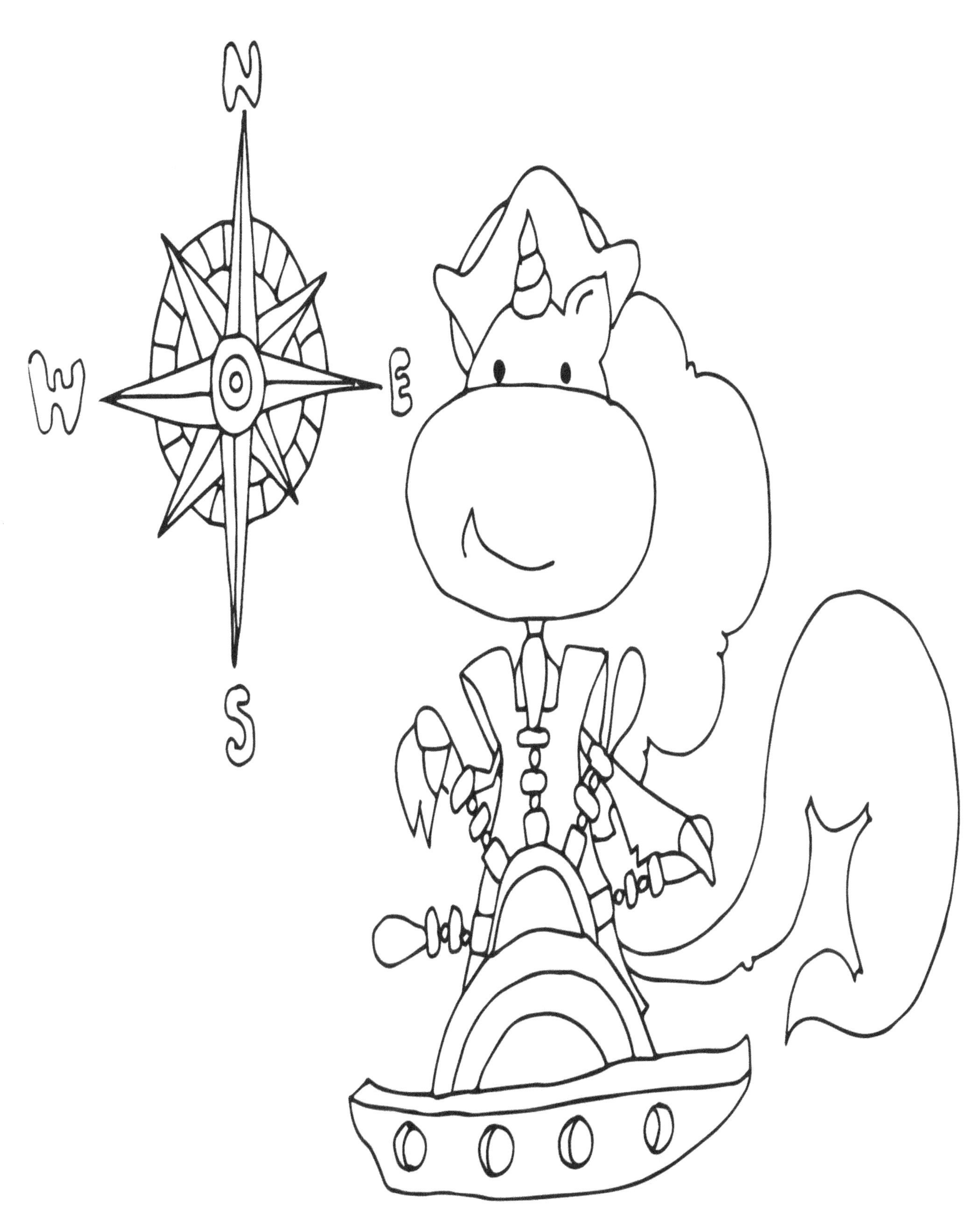

N
W
E
S

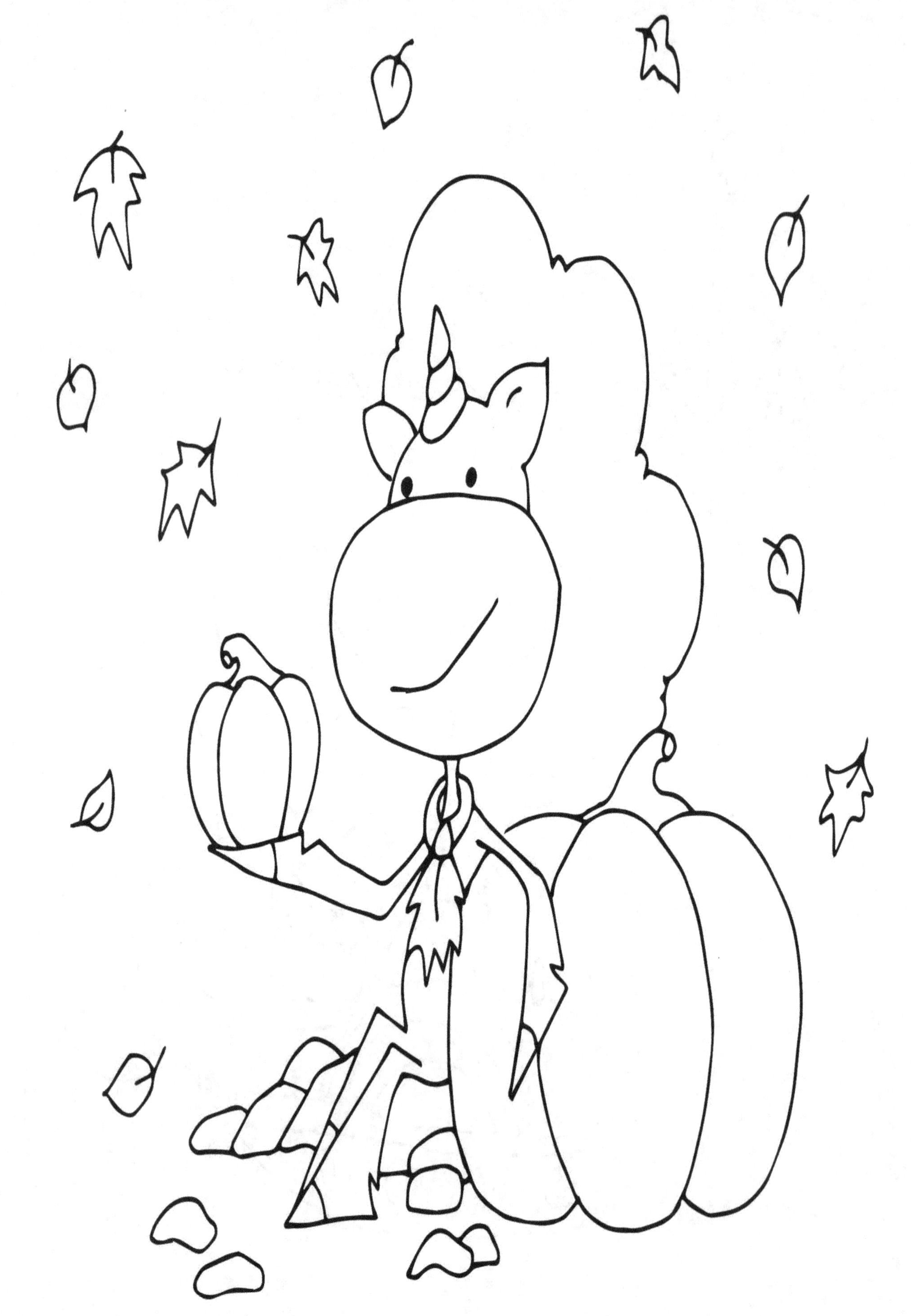

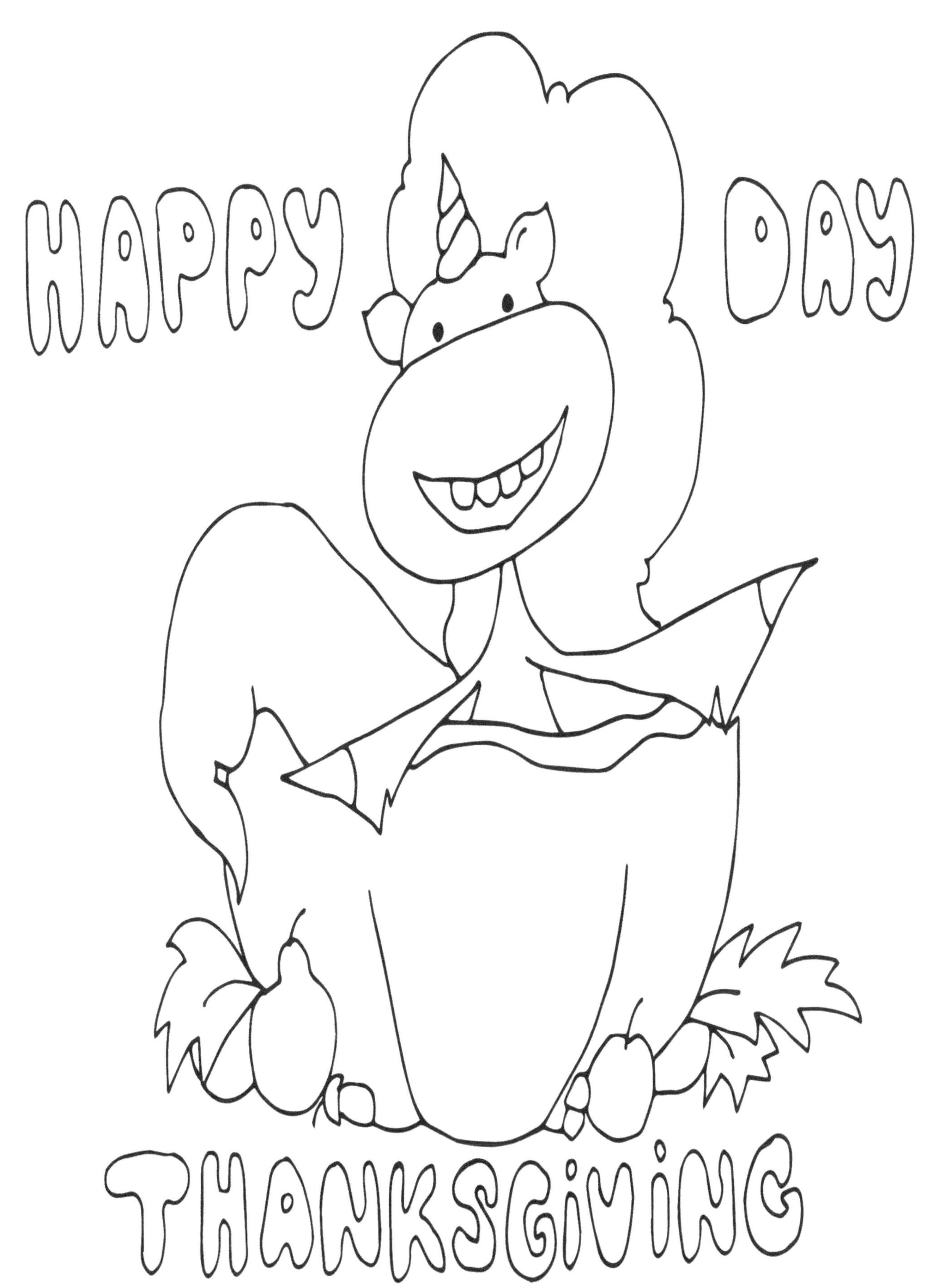

HAPPY   DAY
THANKSGIVING

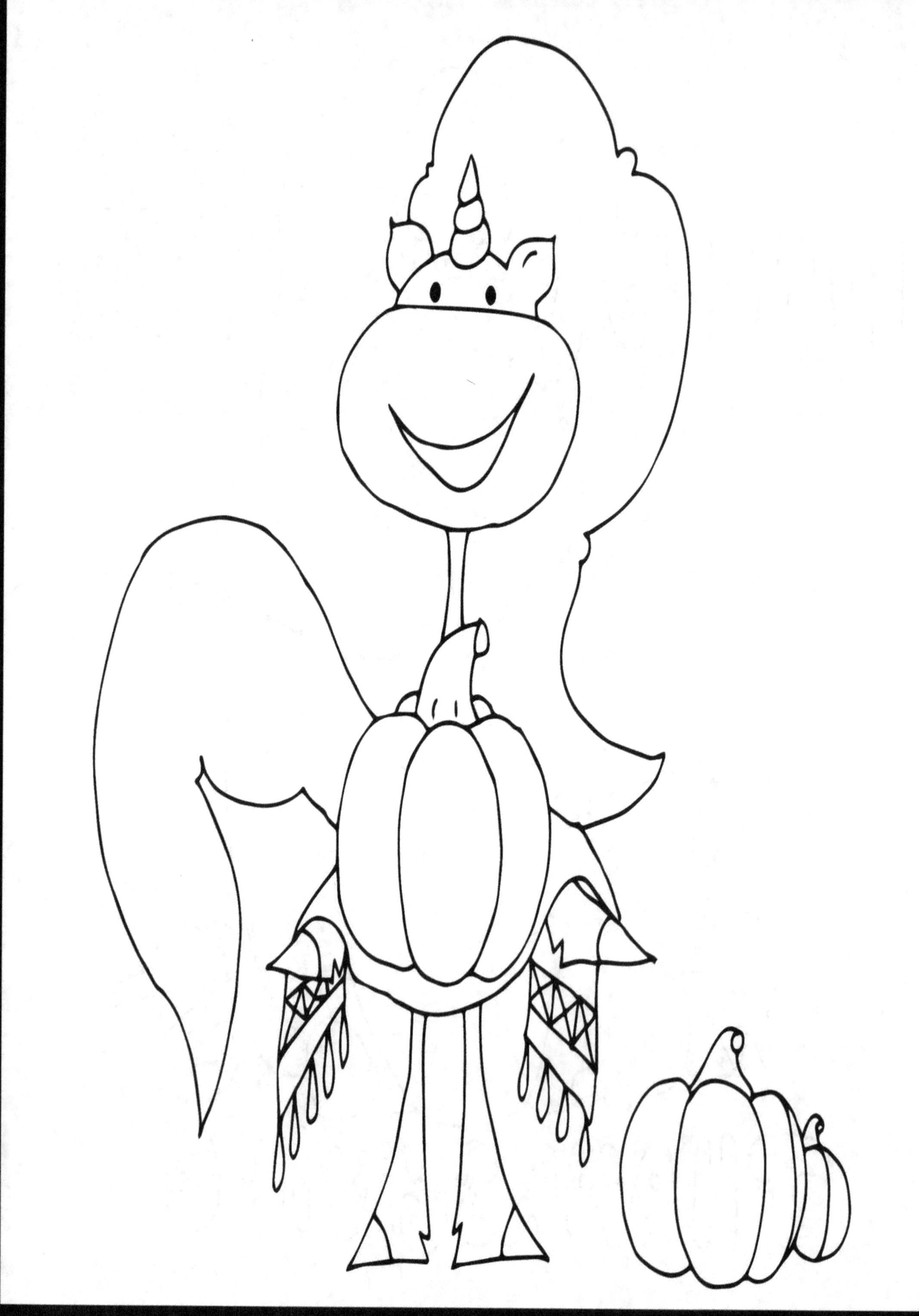

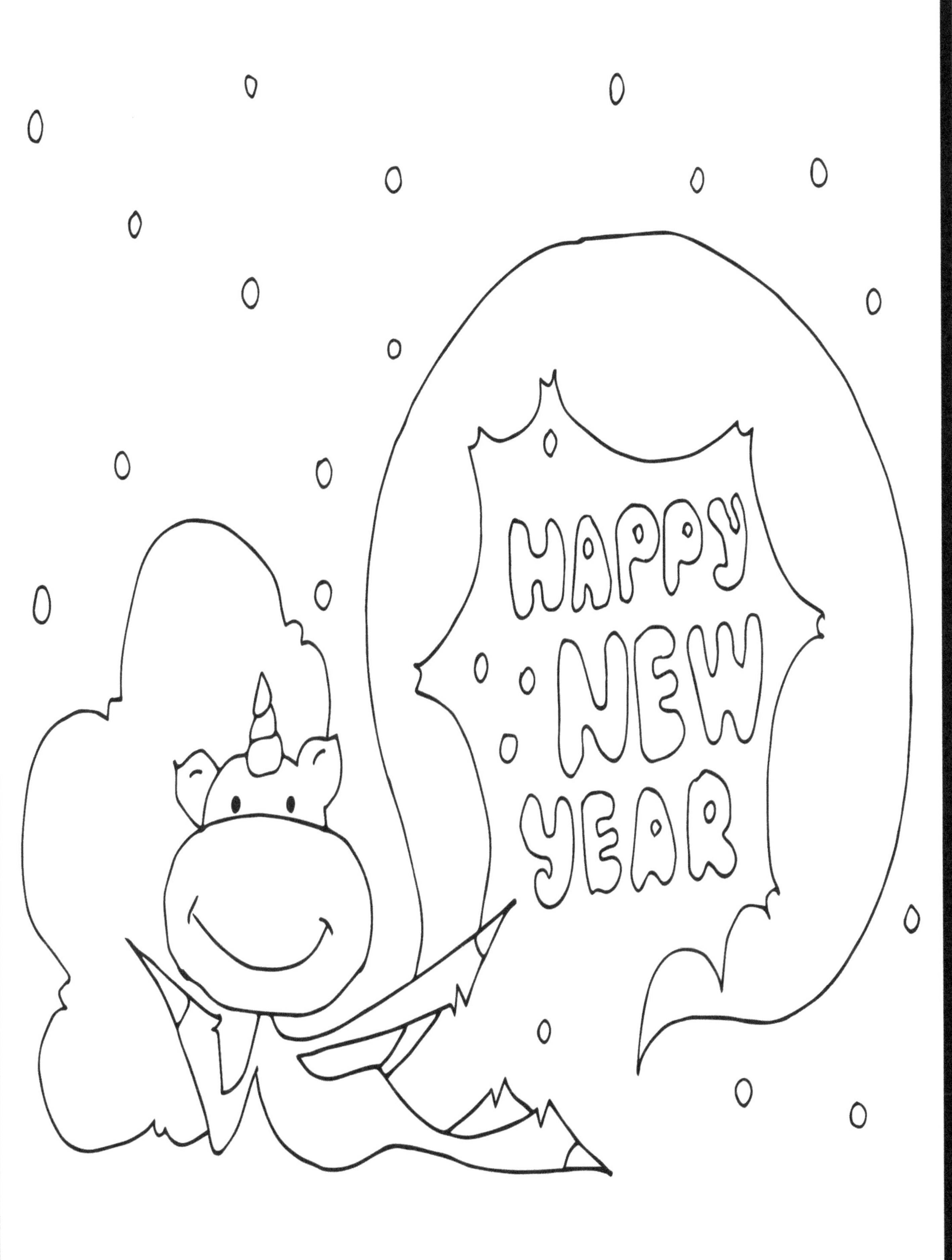

HAPPY
NEW
YEAR

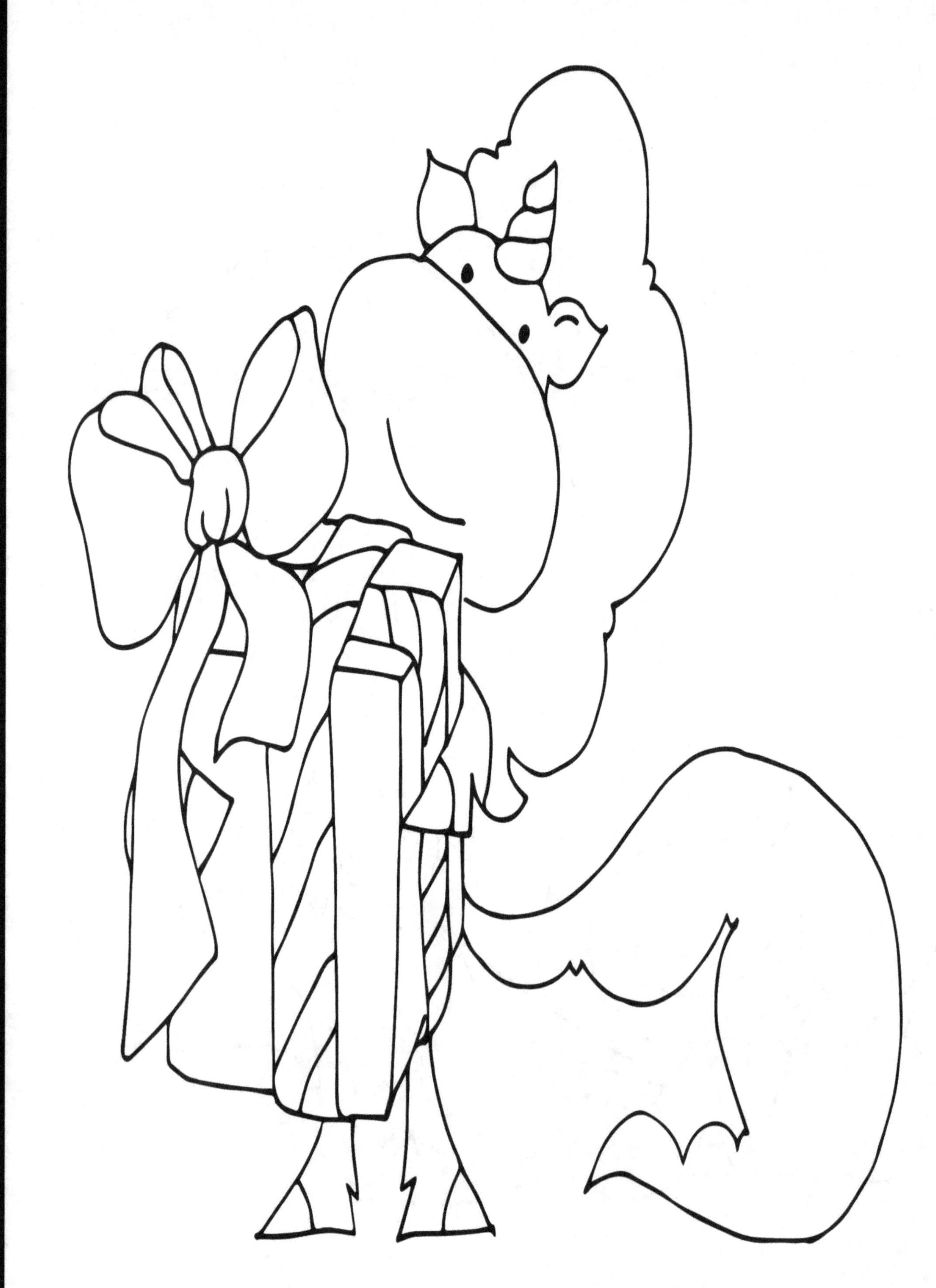

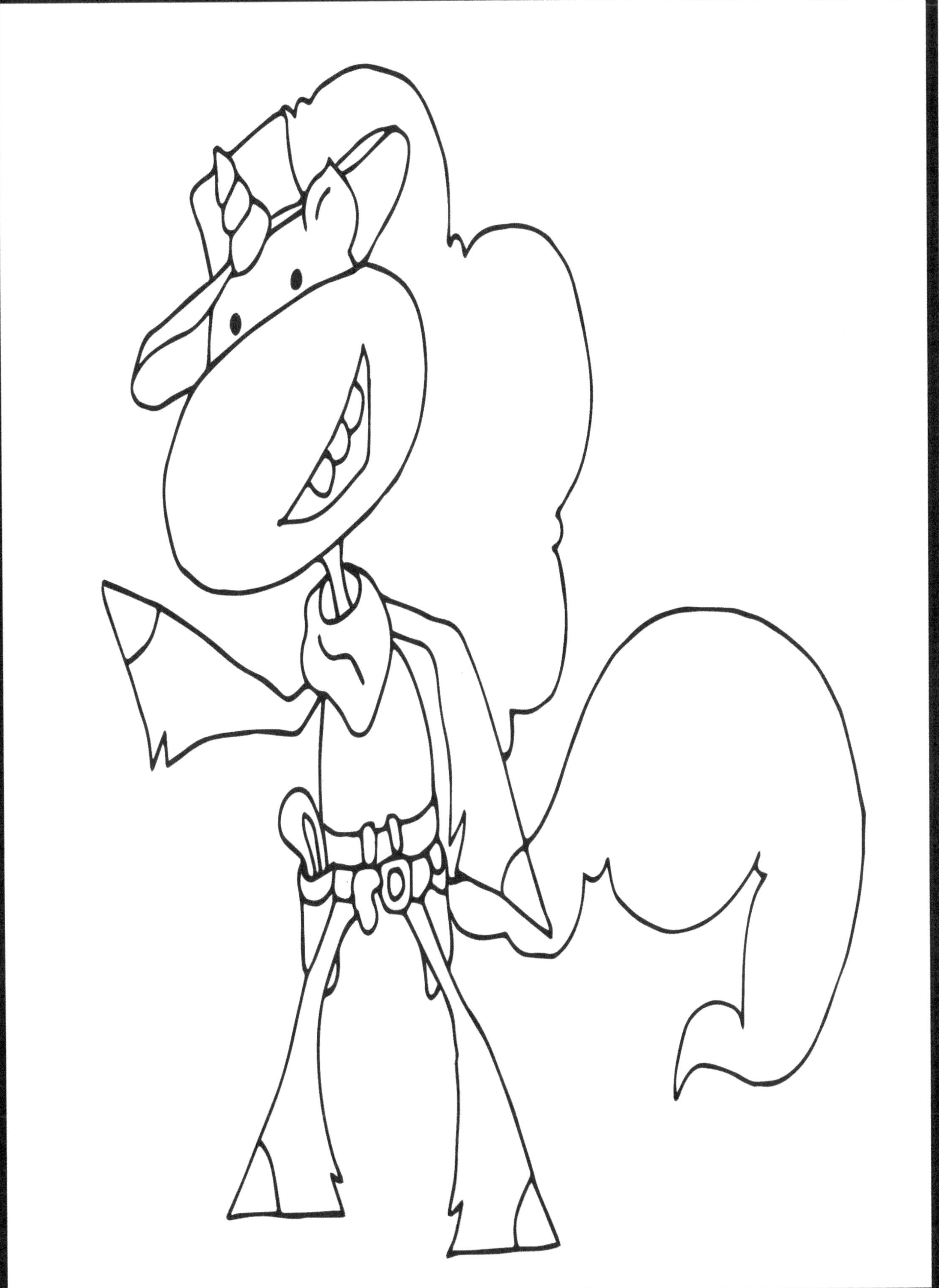

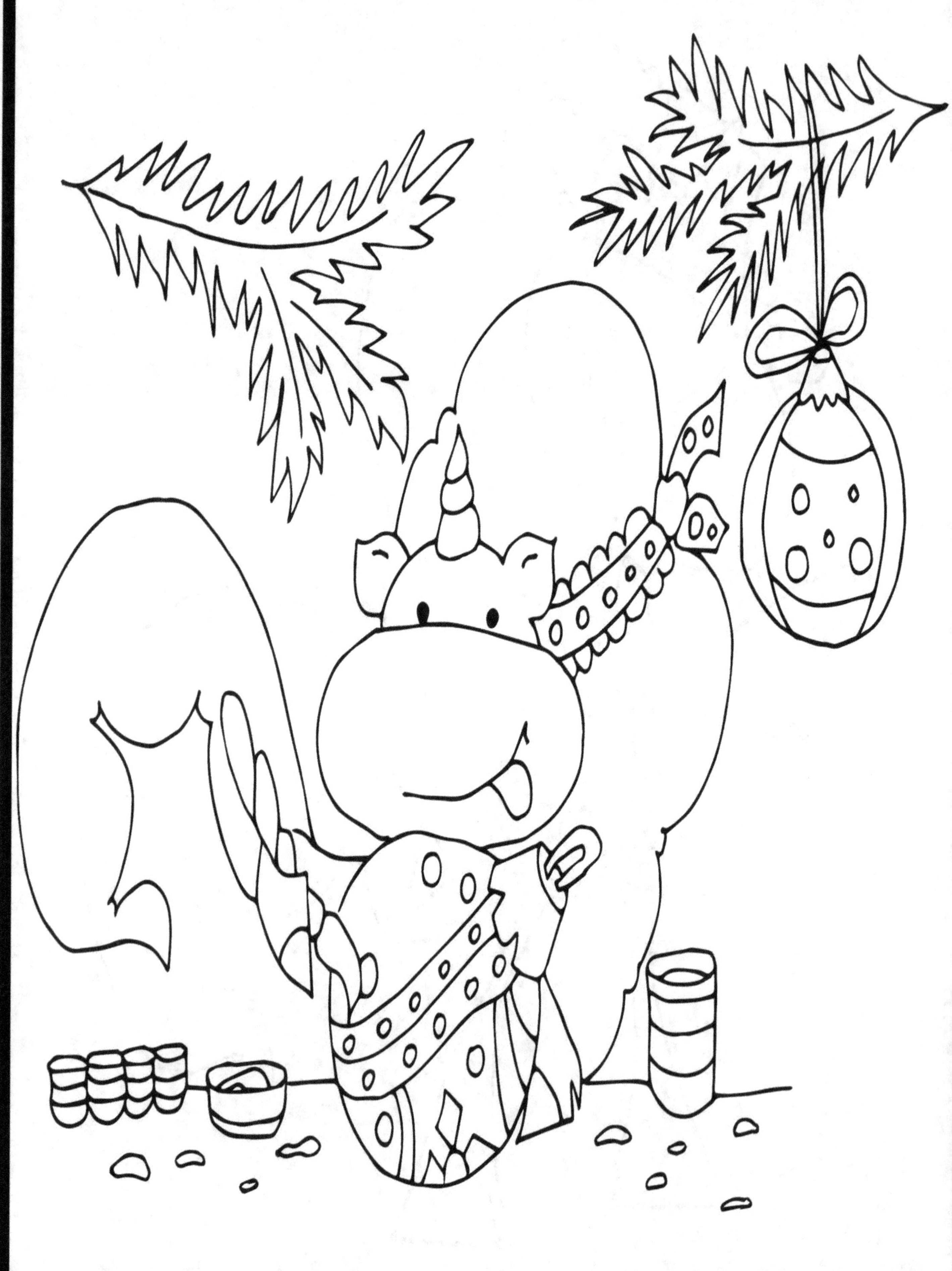

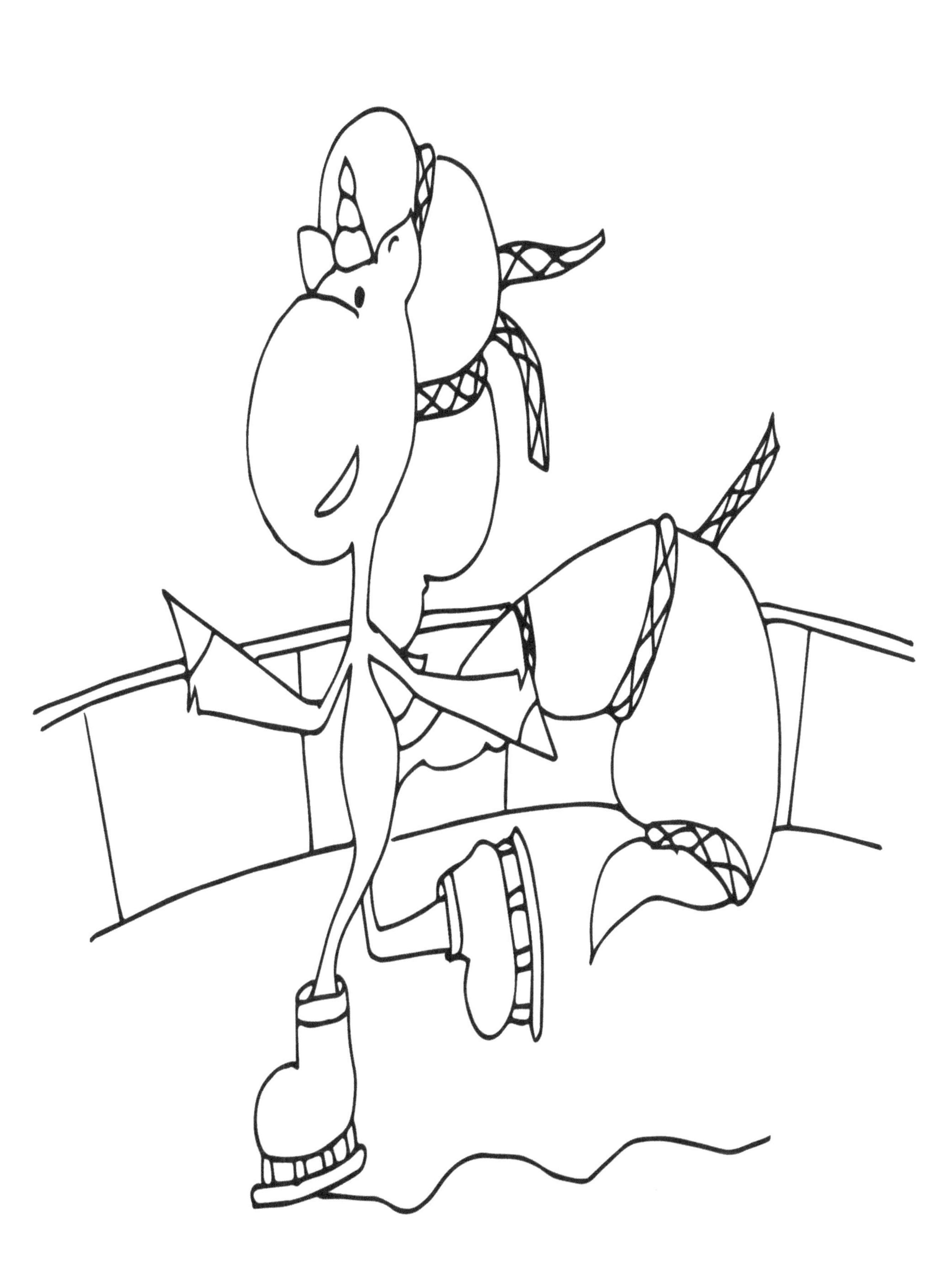

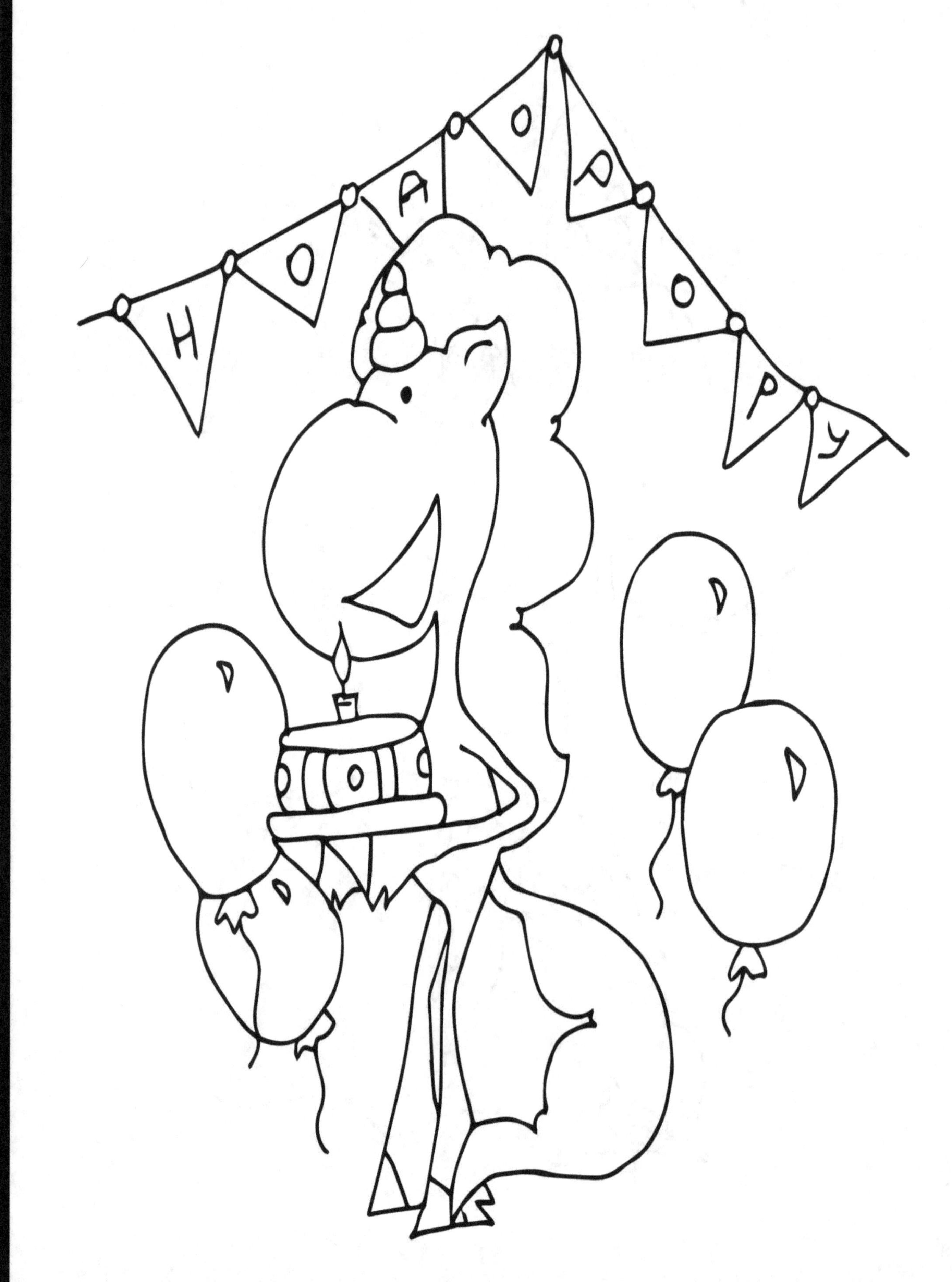

H O A O P P Y

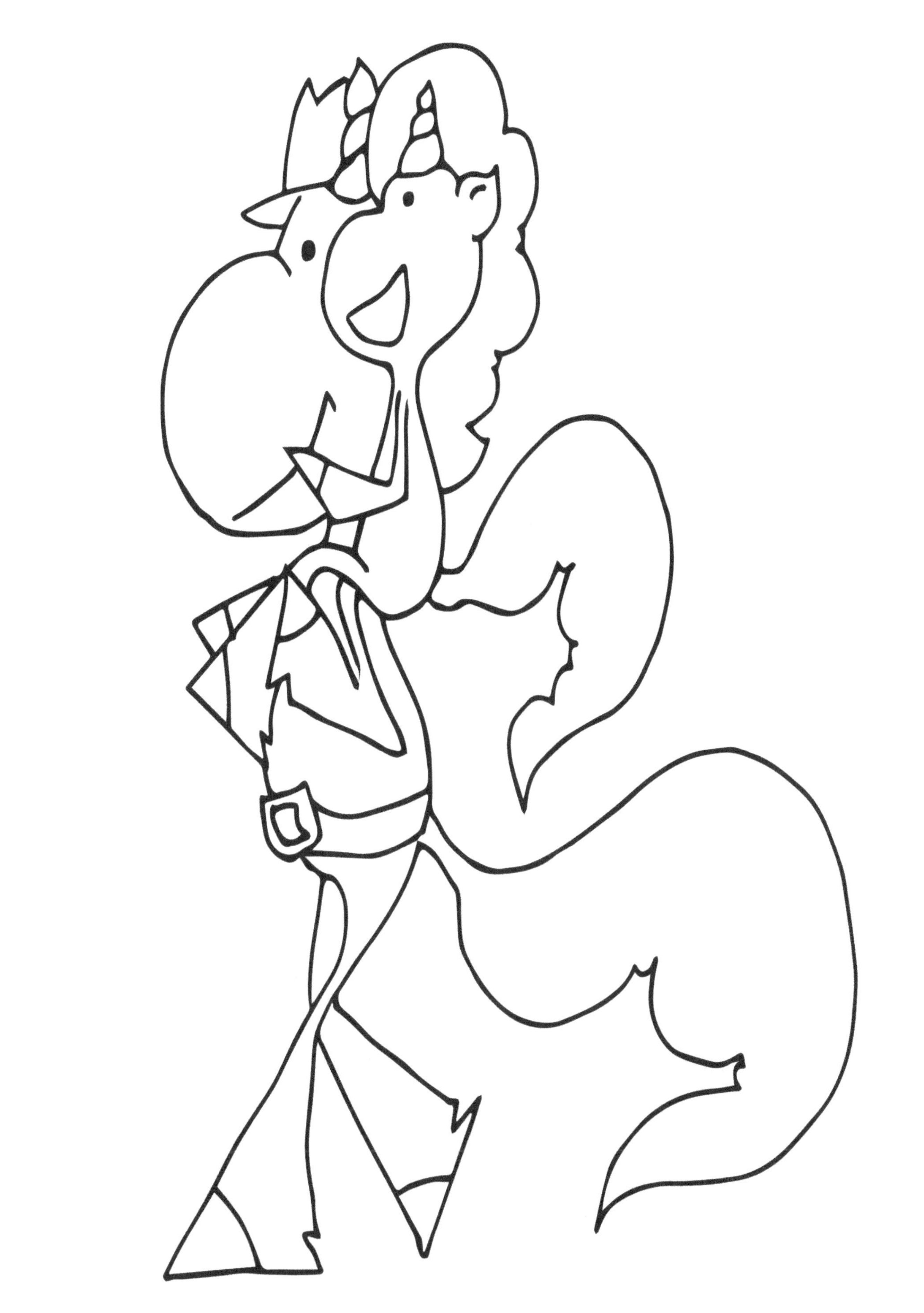

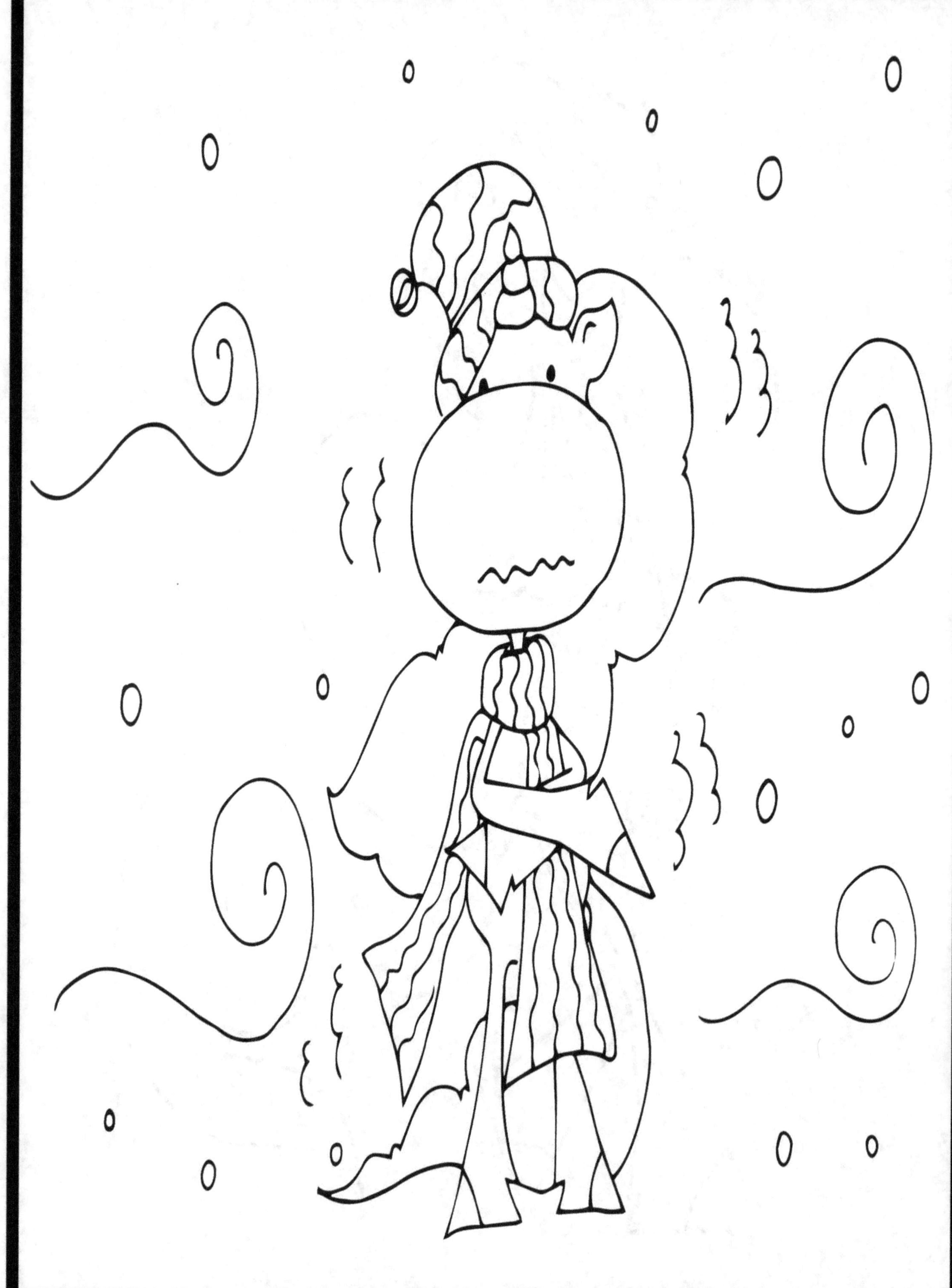

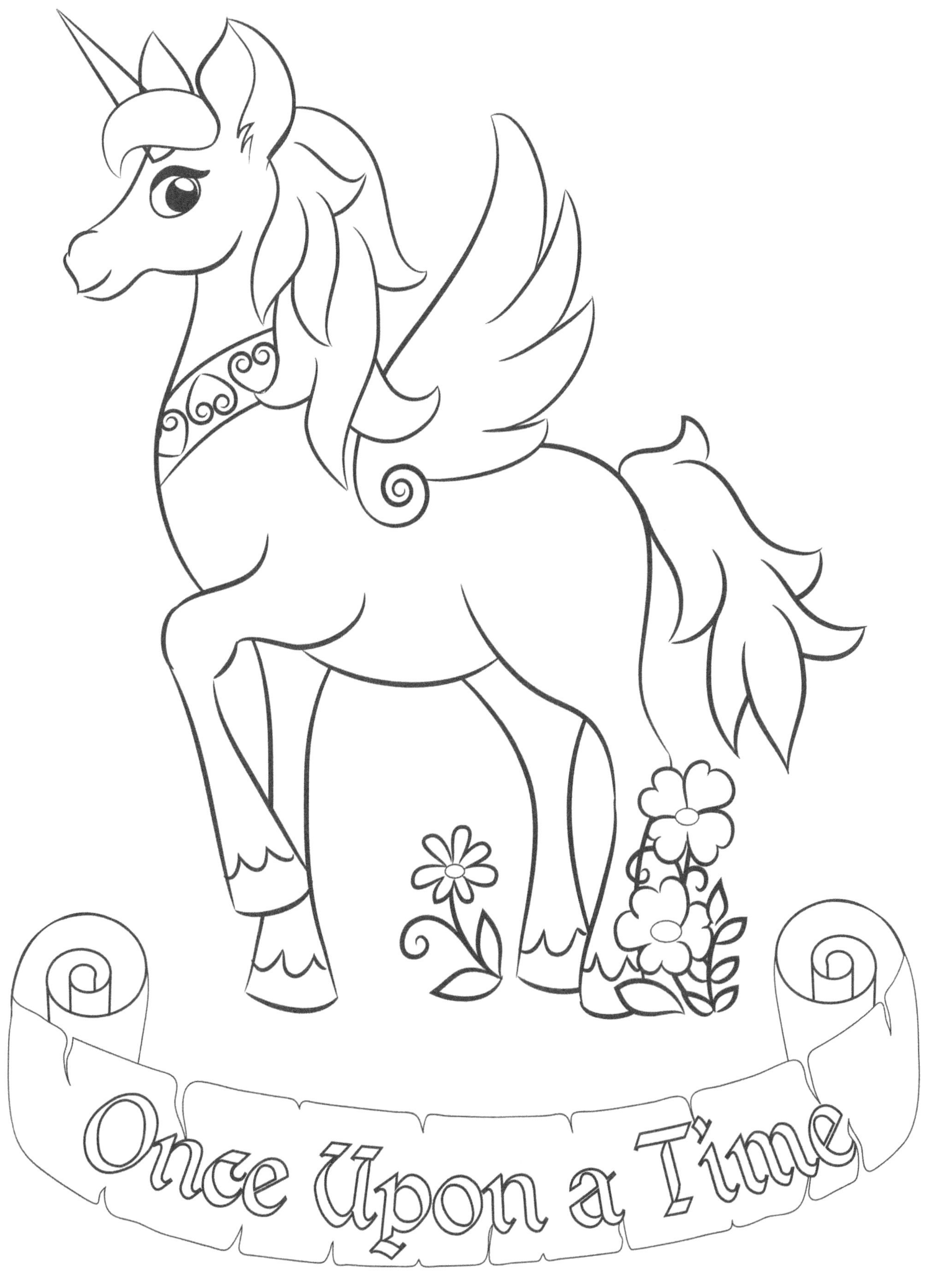

Once Upon a Time

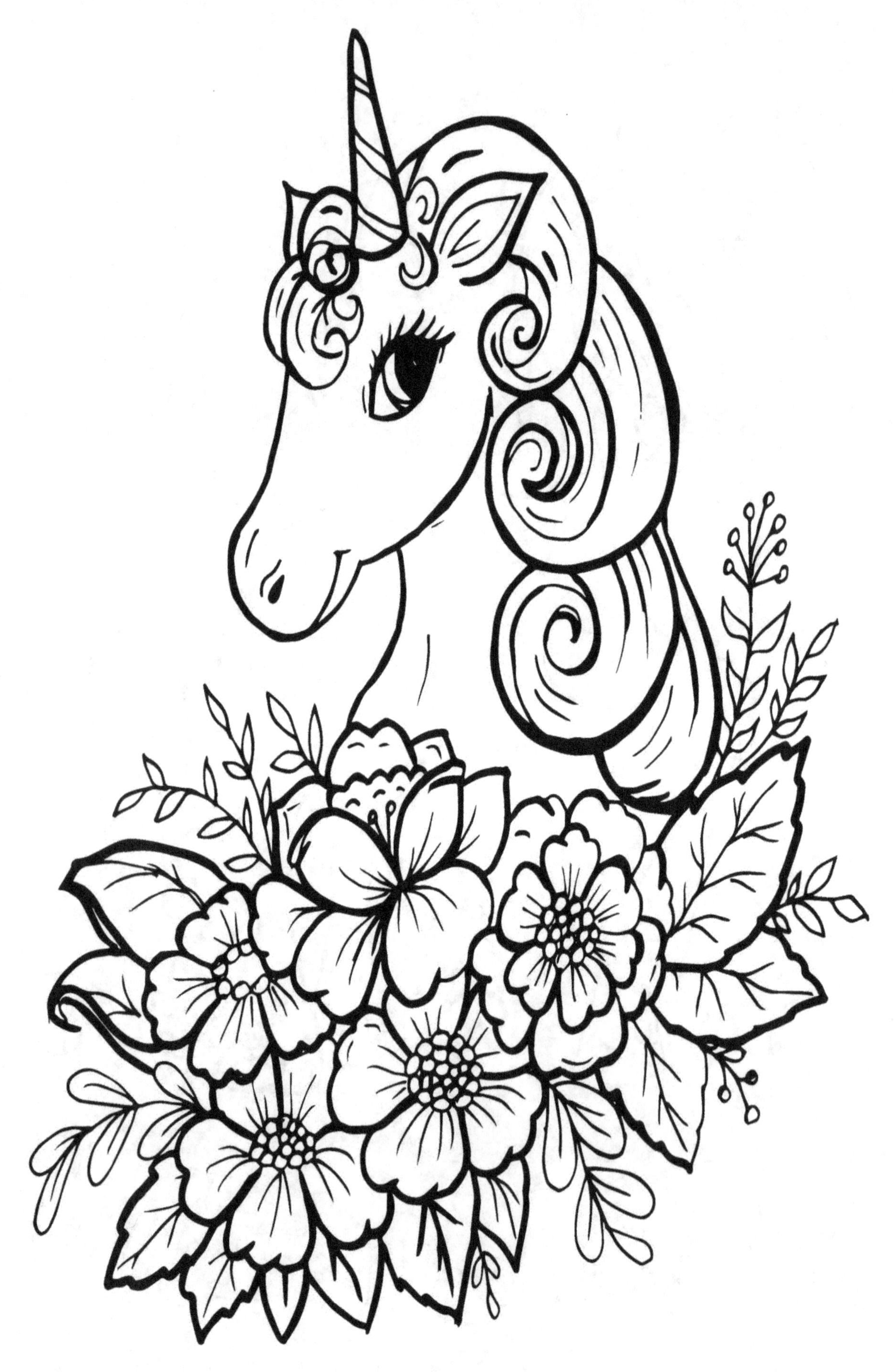

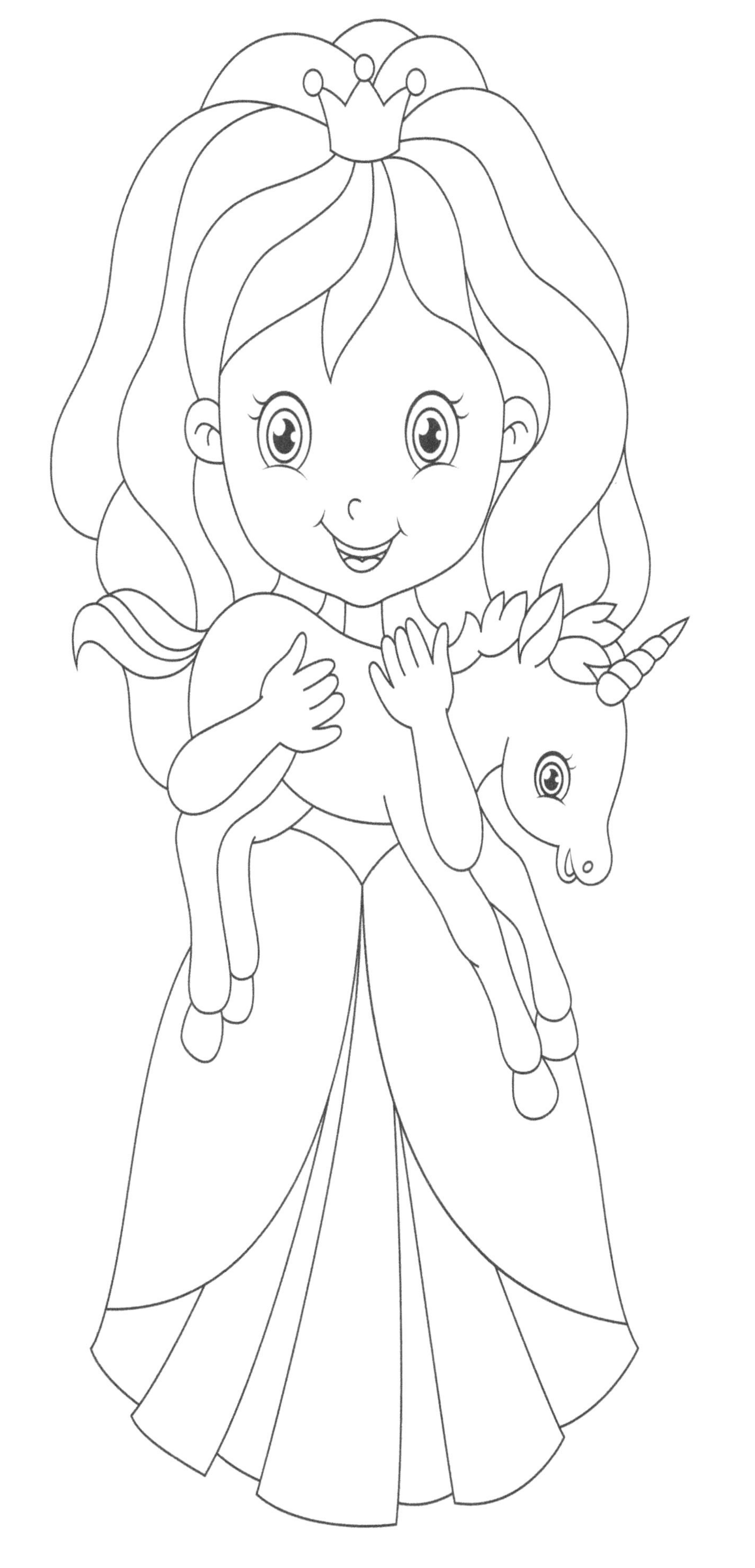

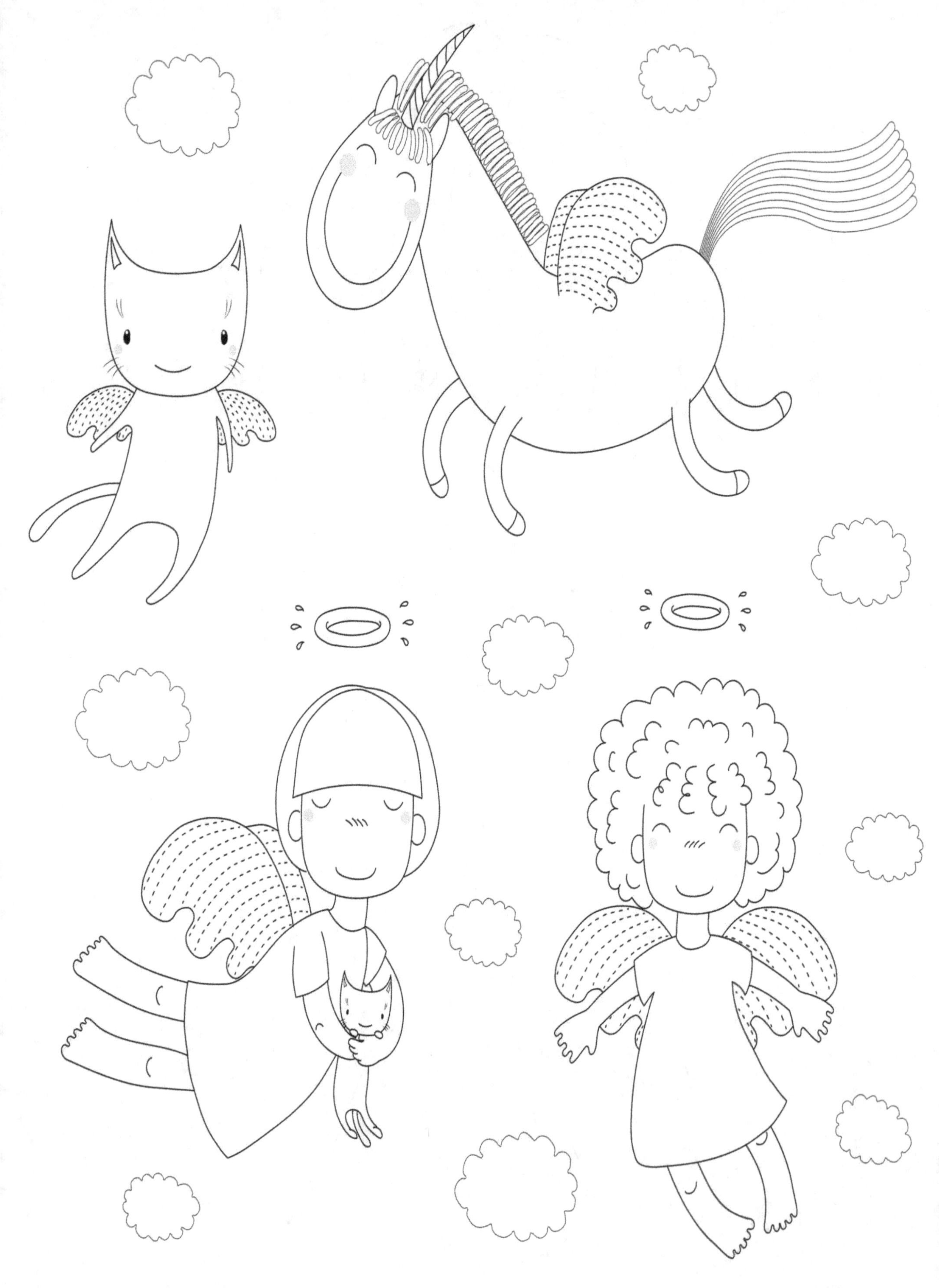

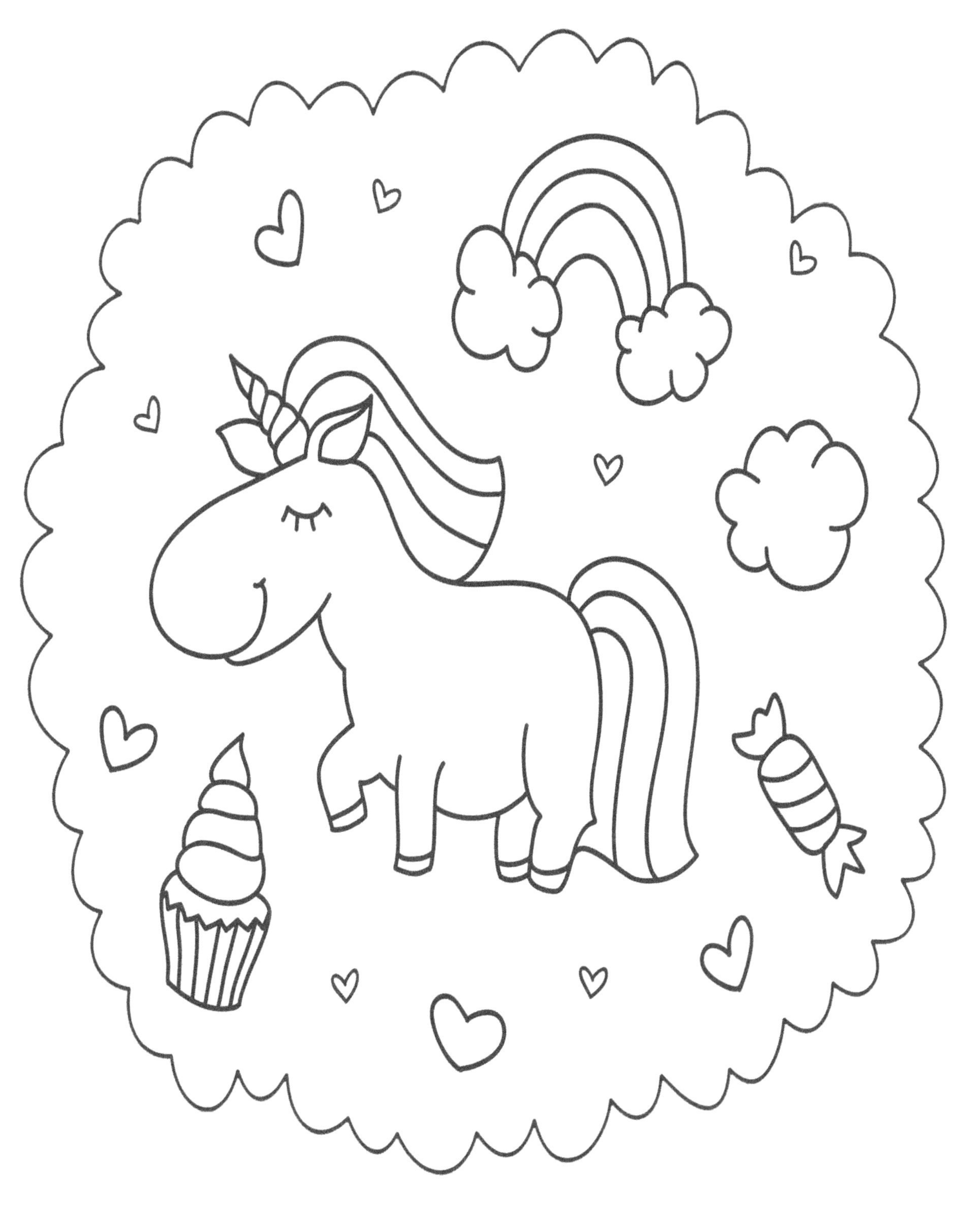

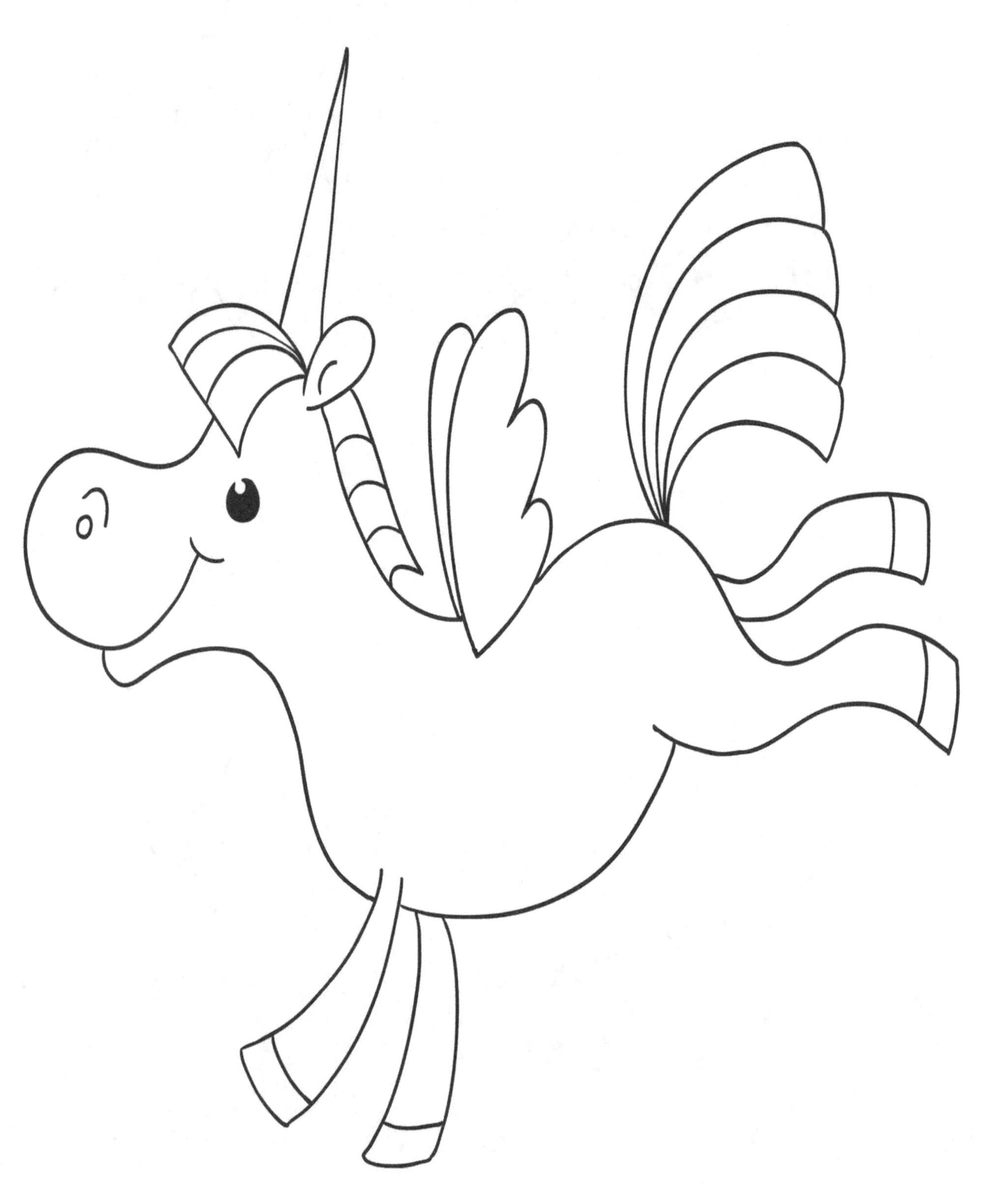

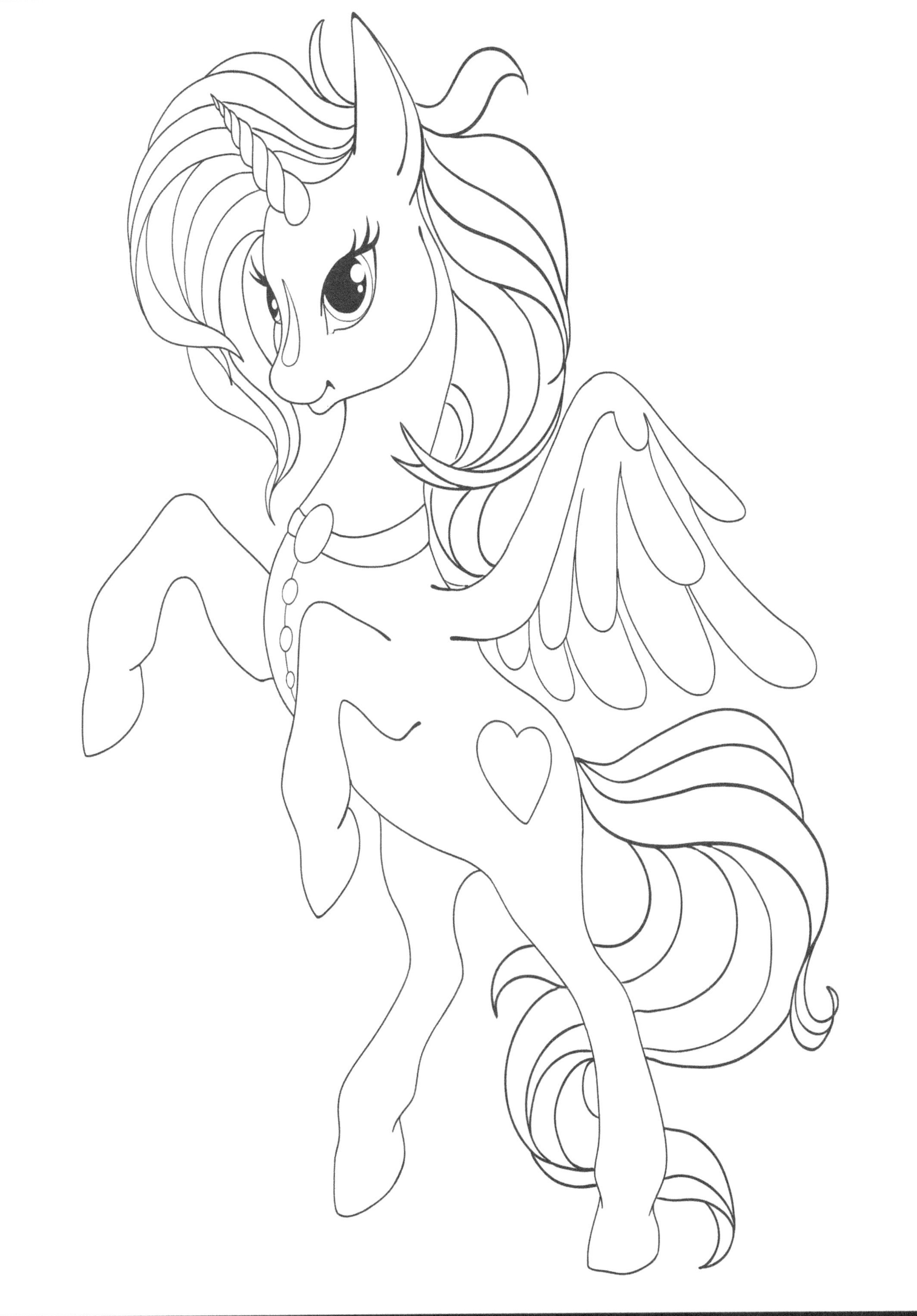

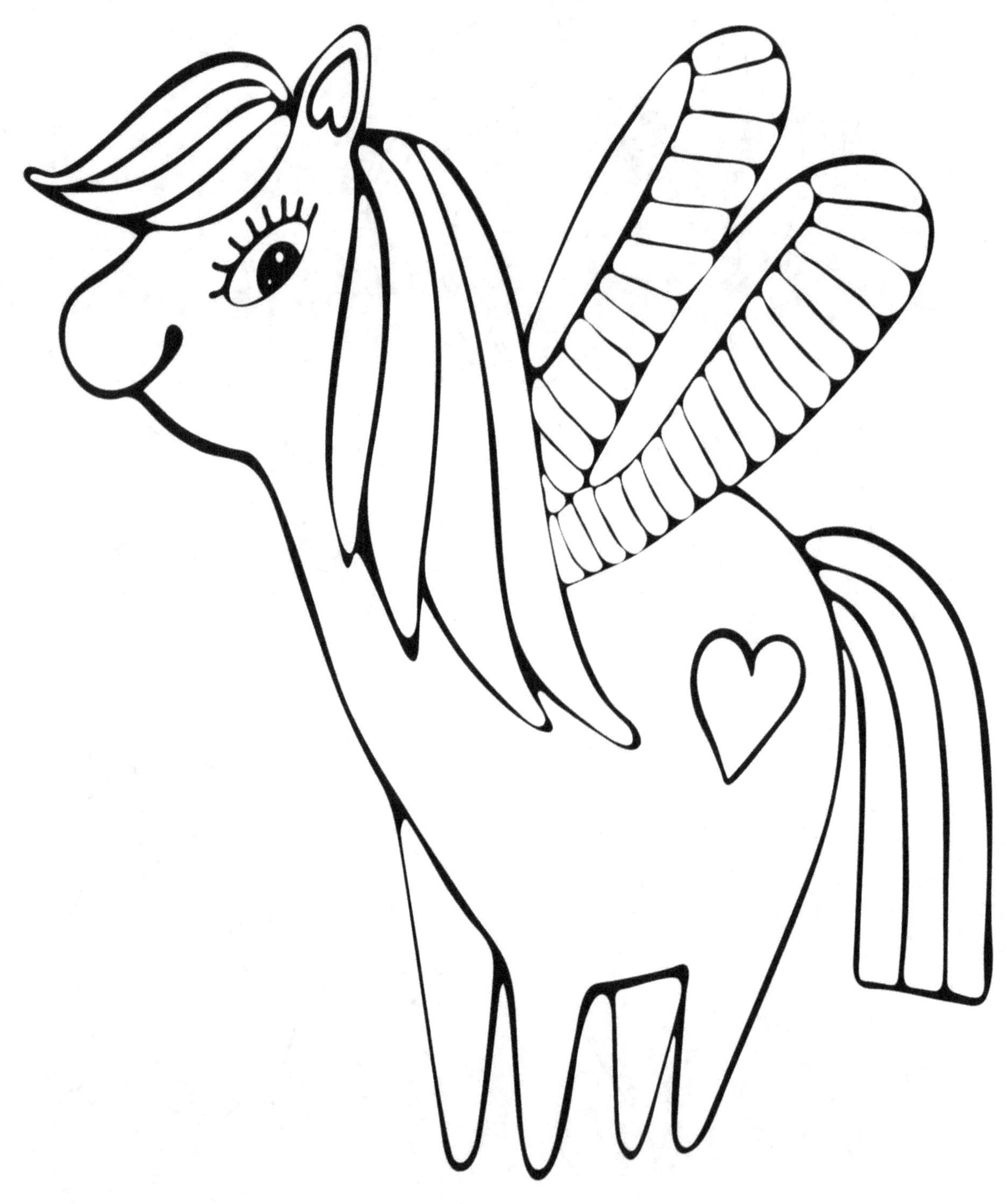

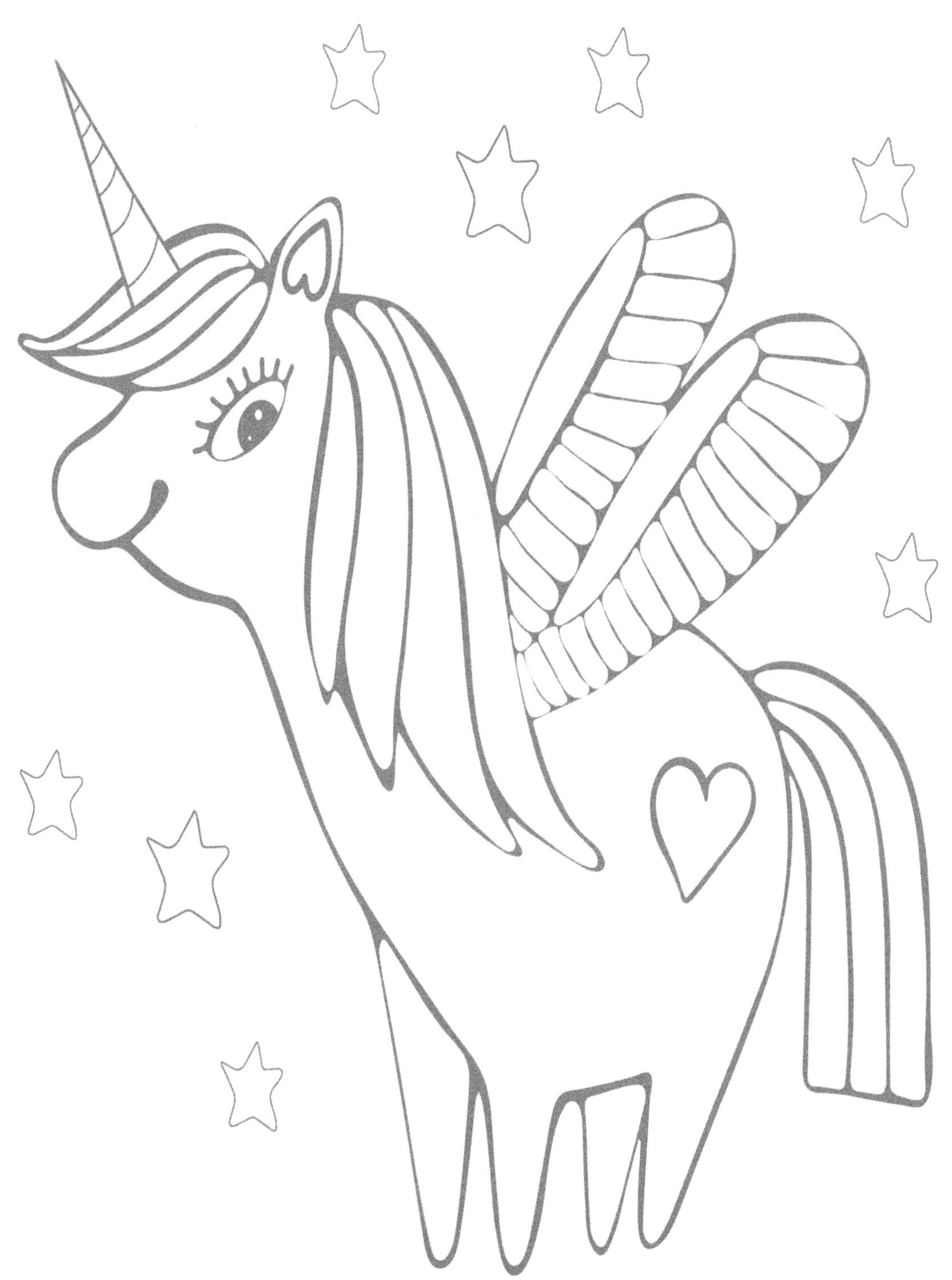

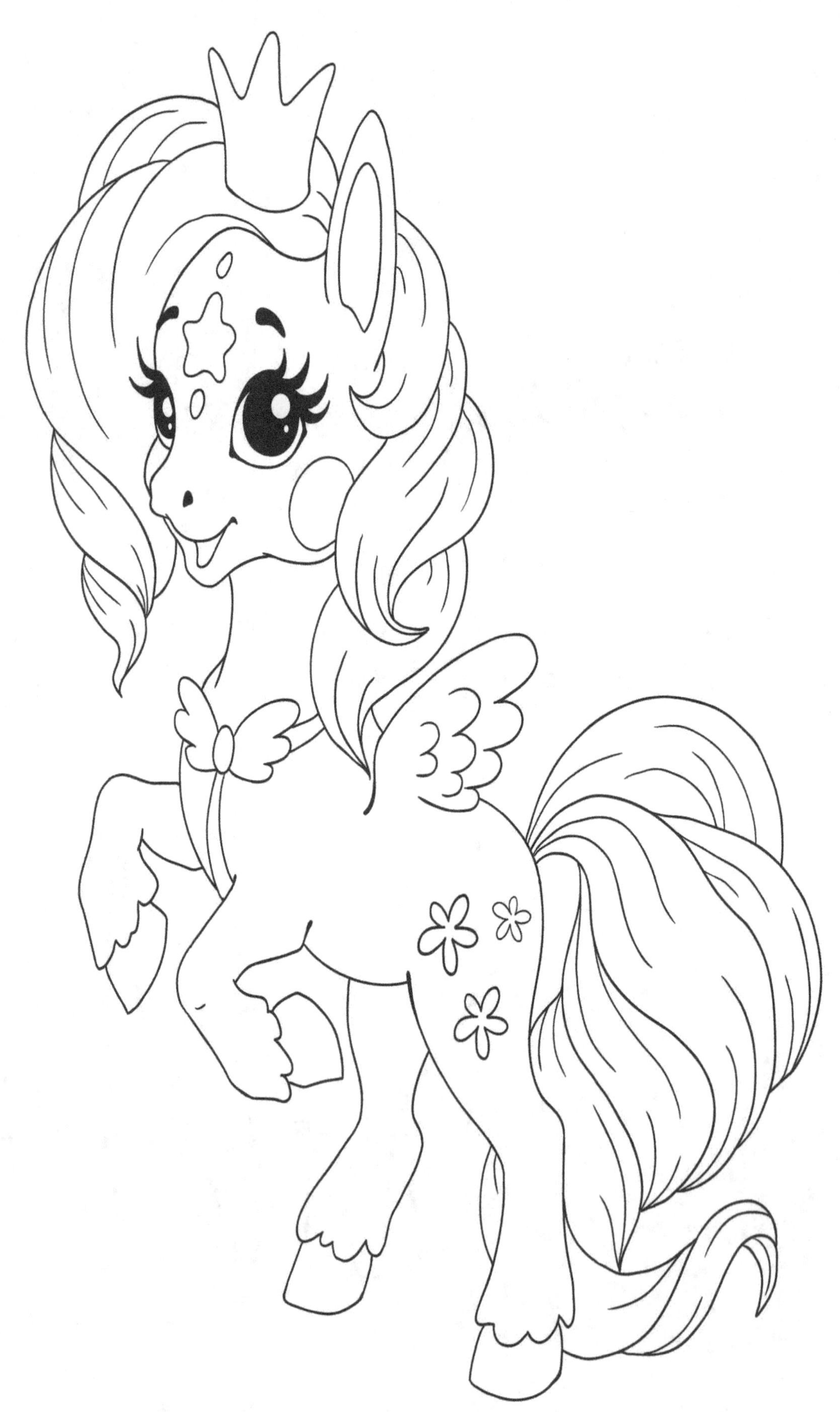

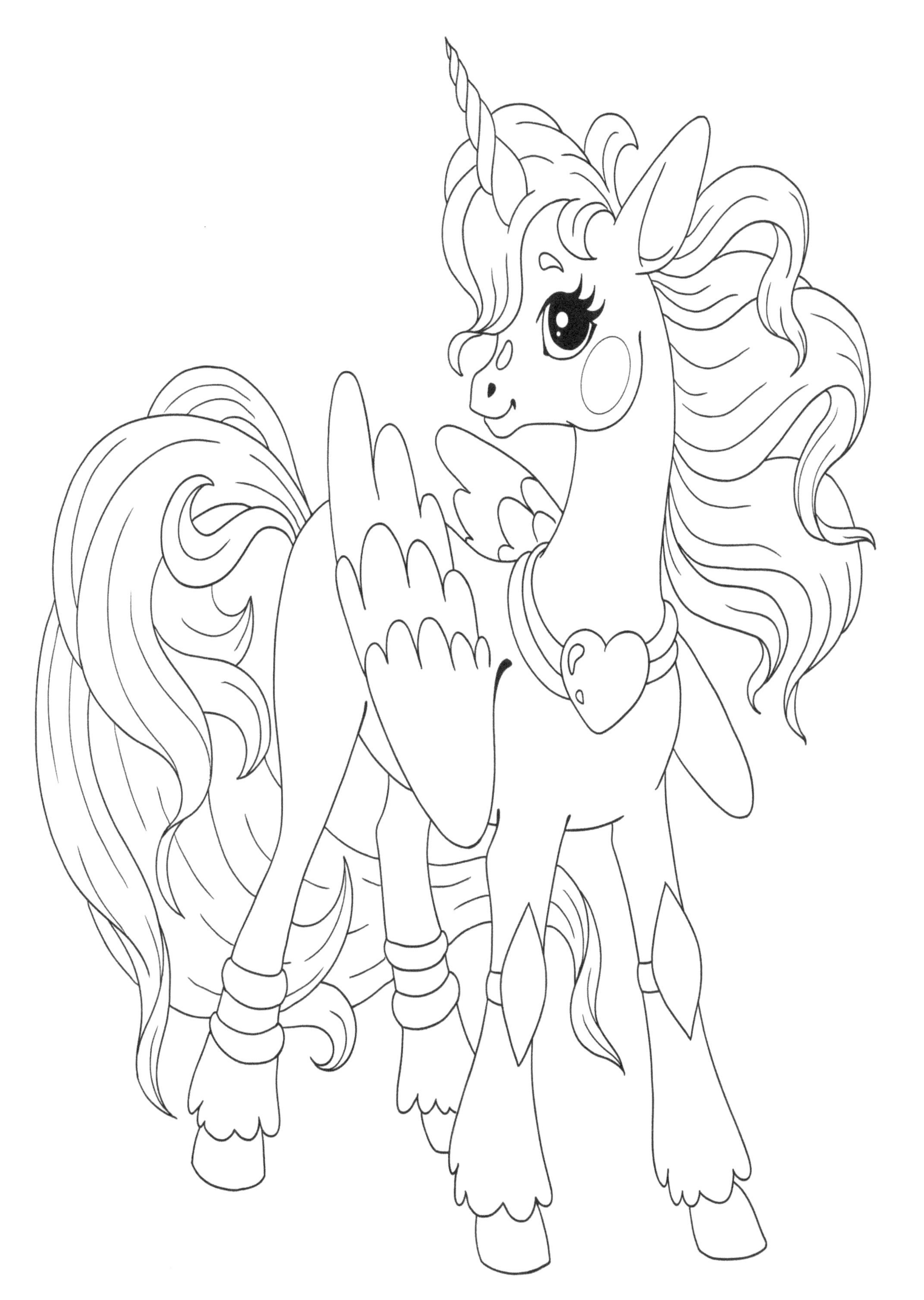

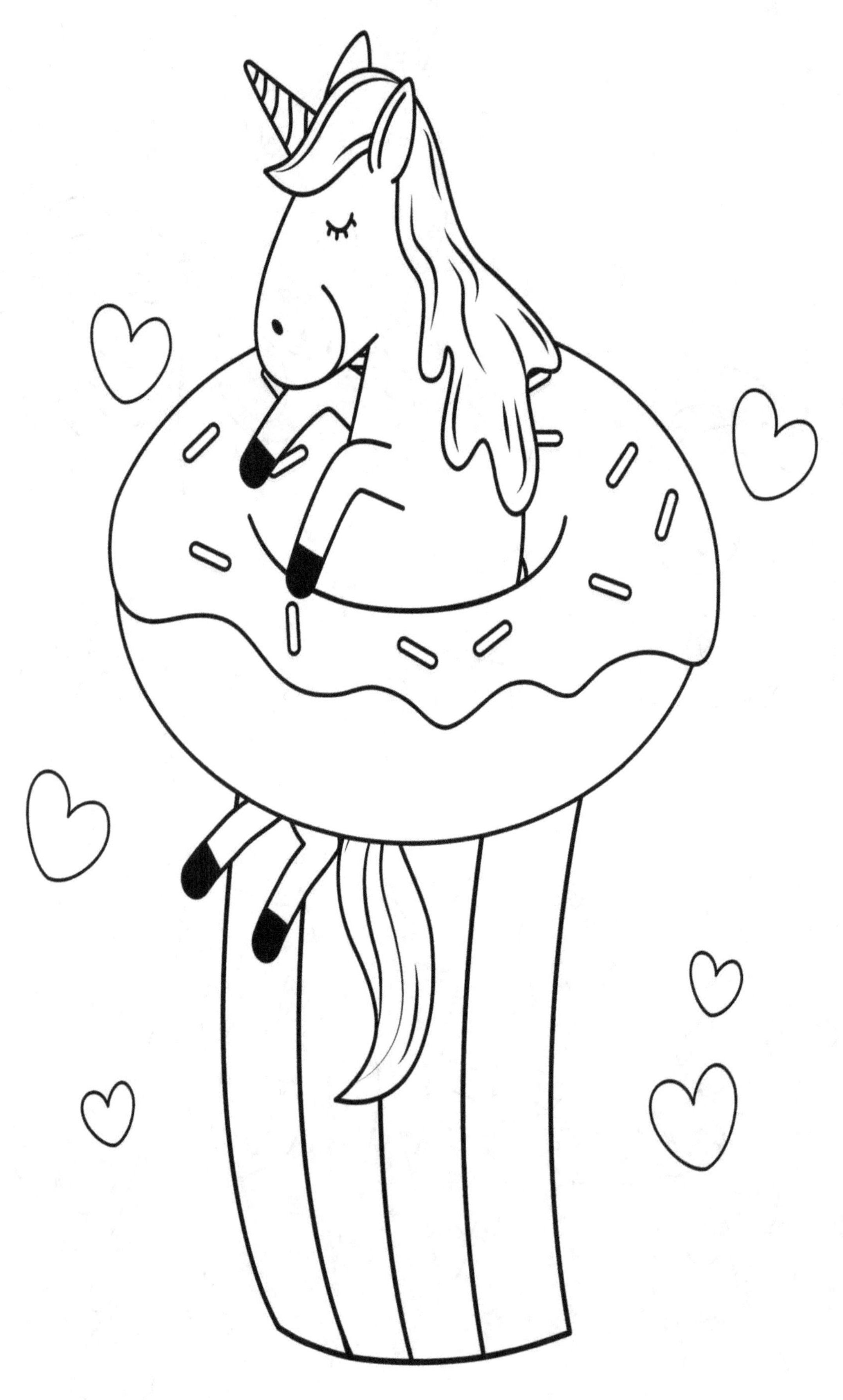

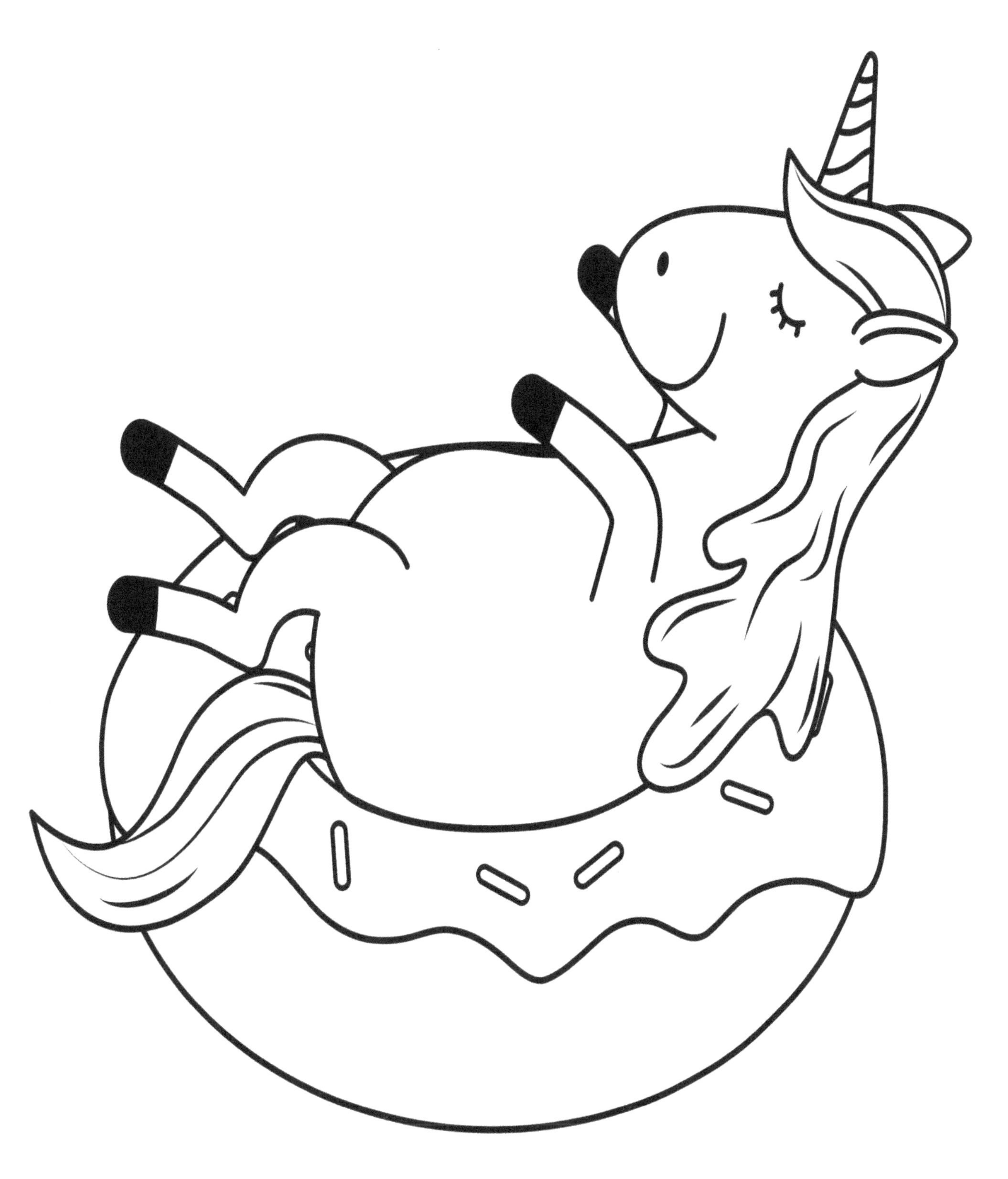

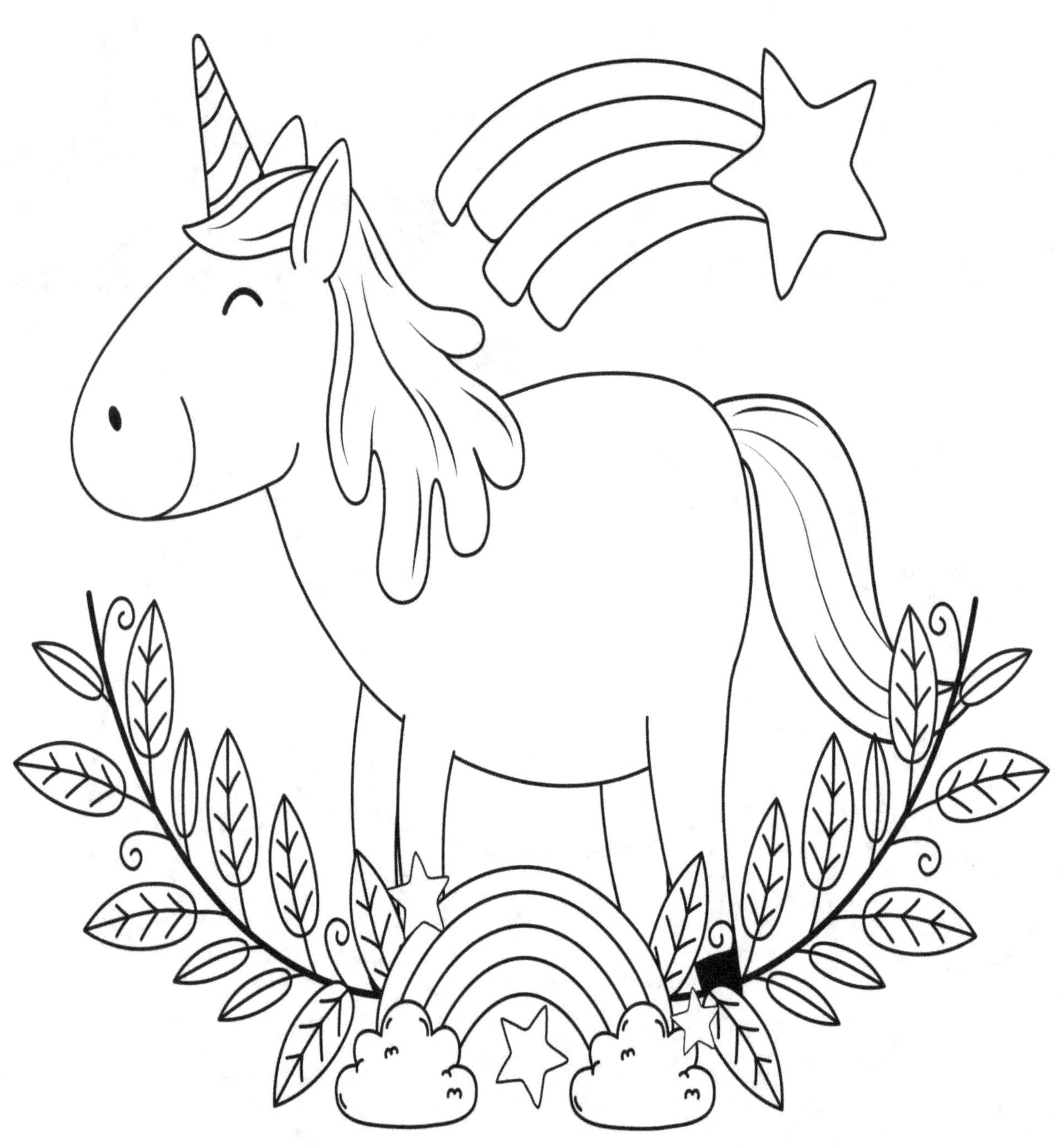

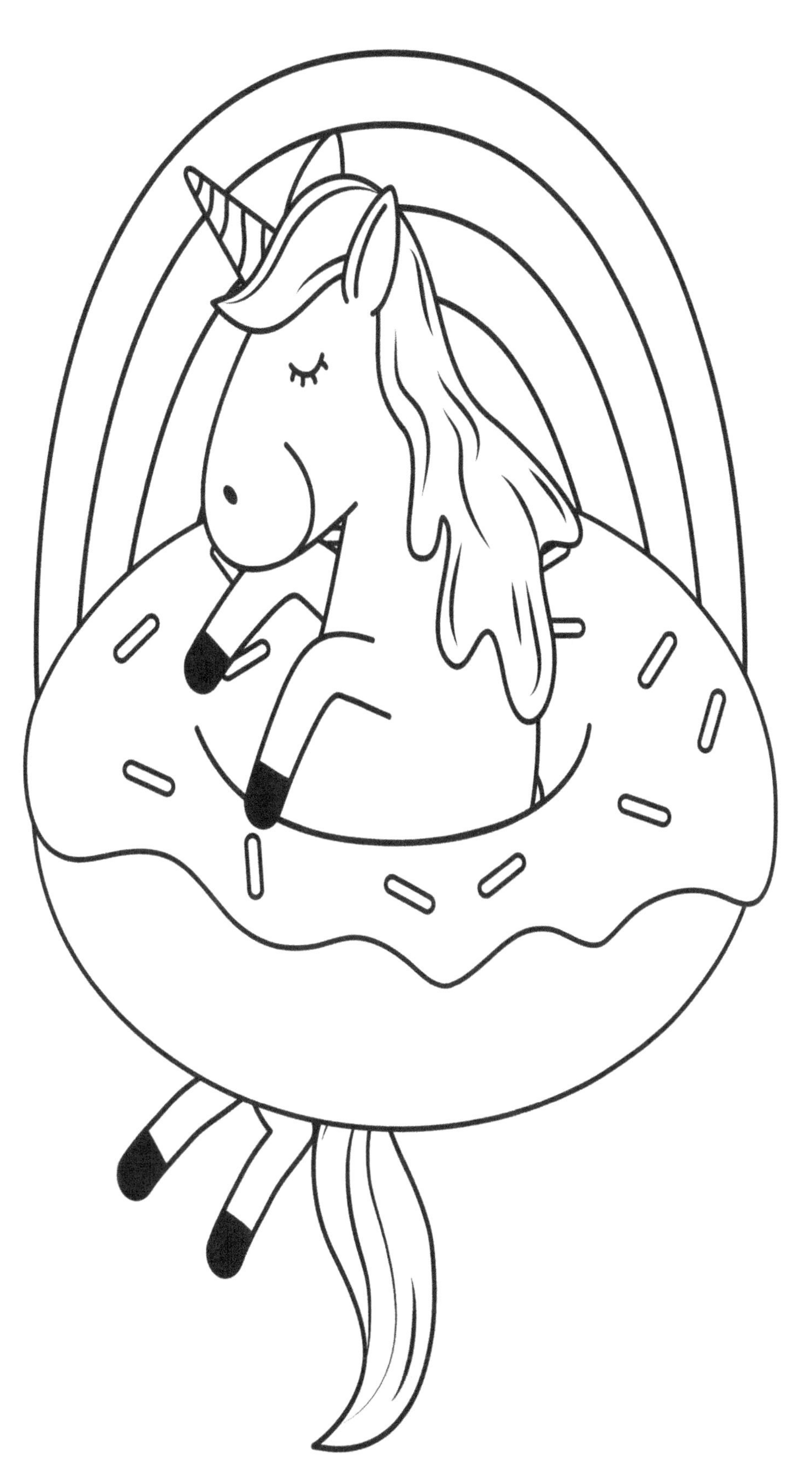

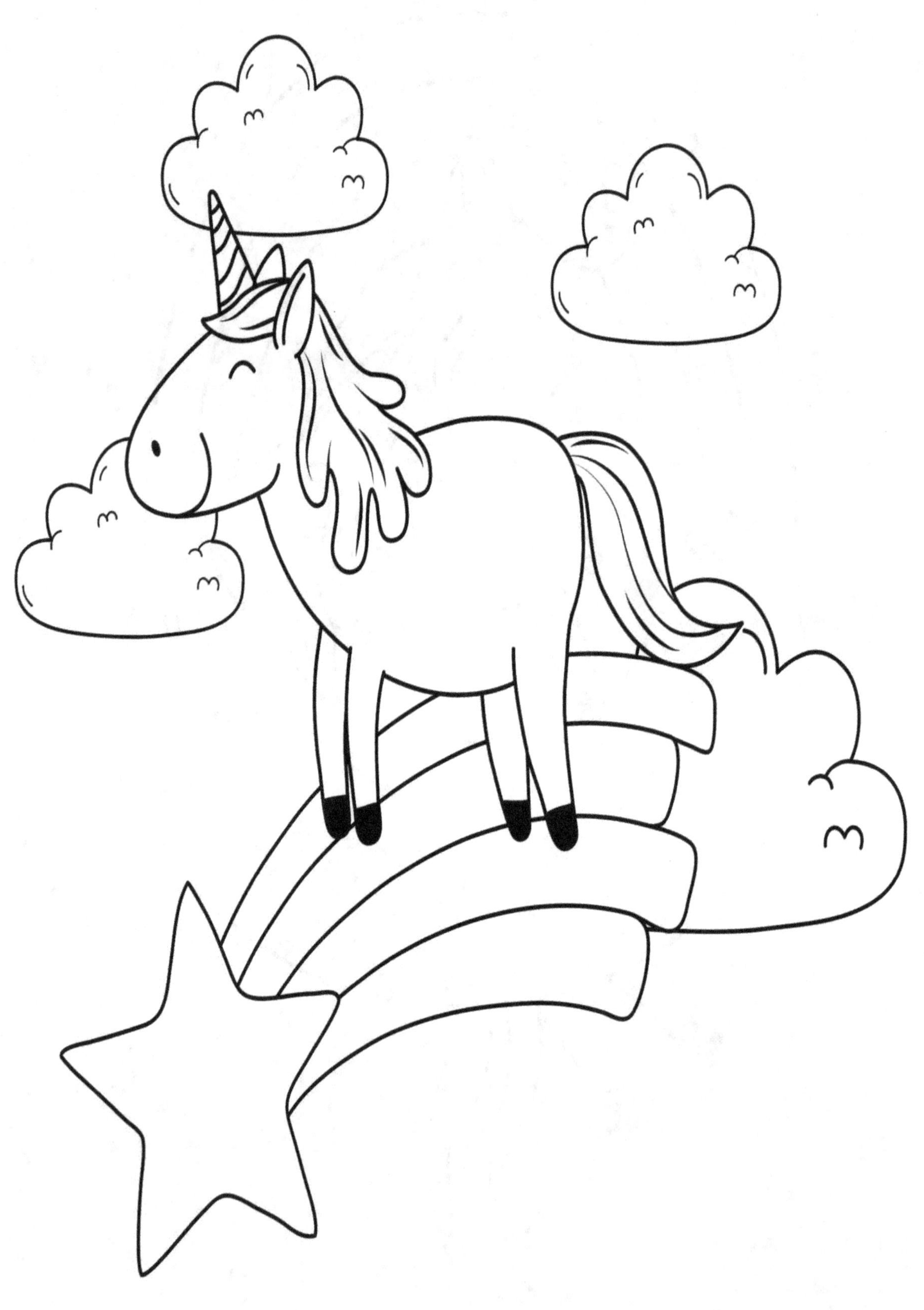

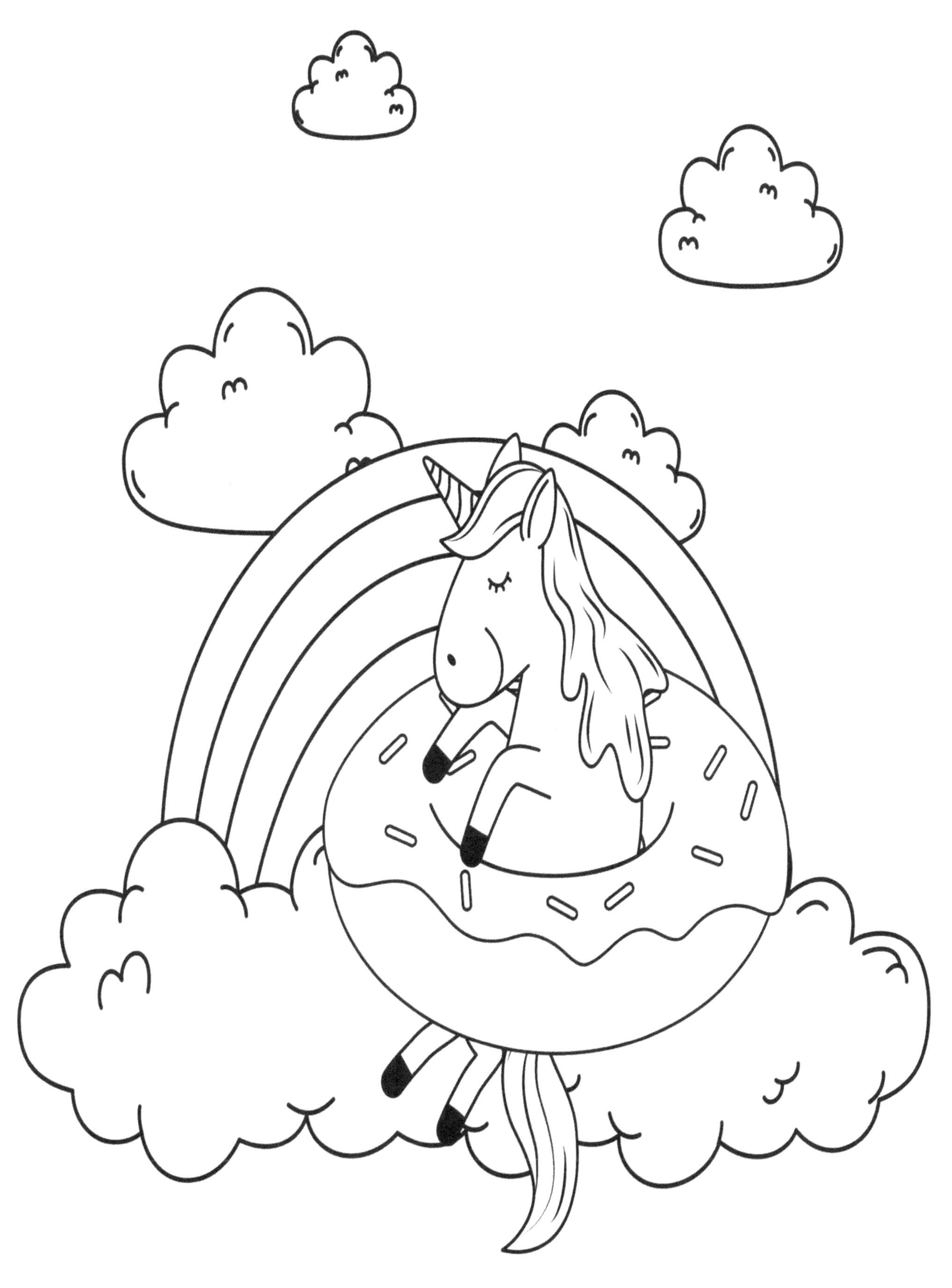

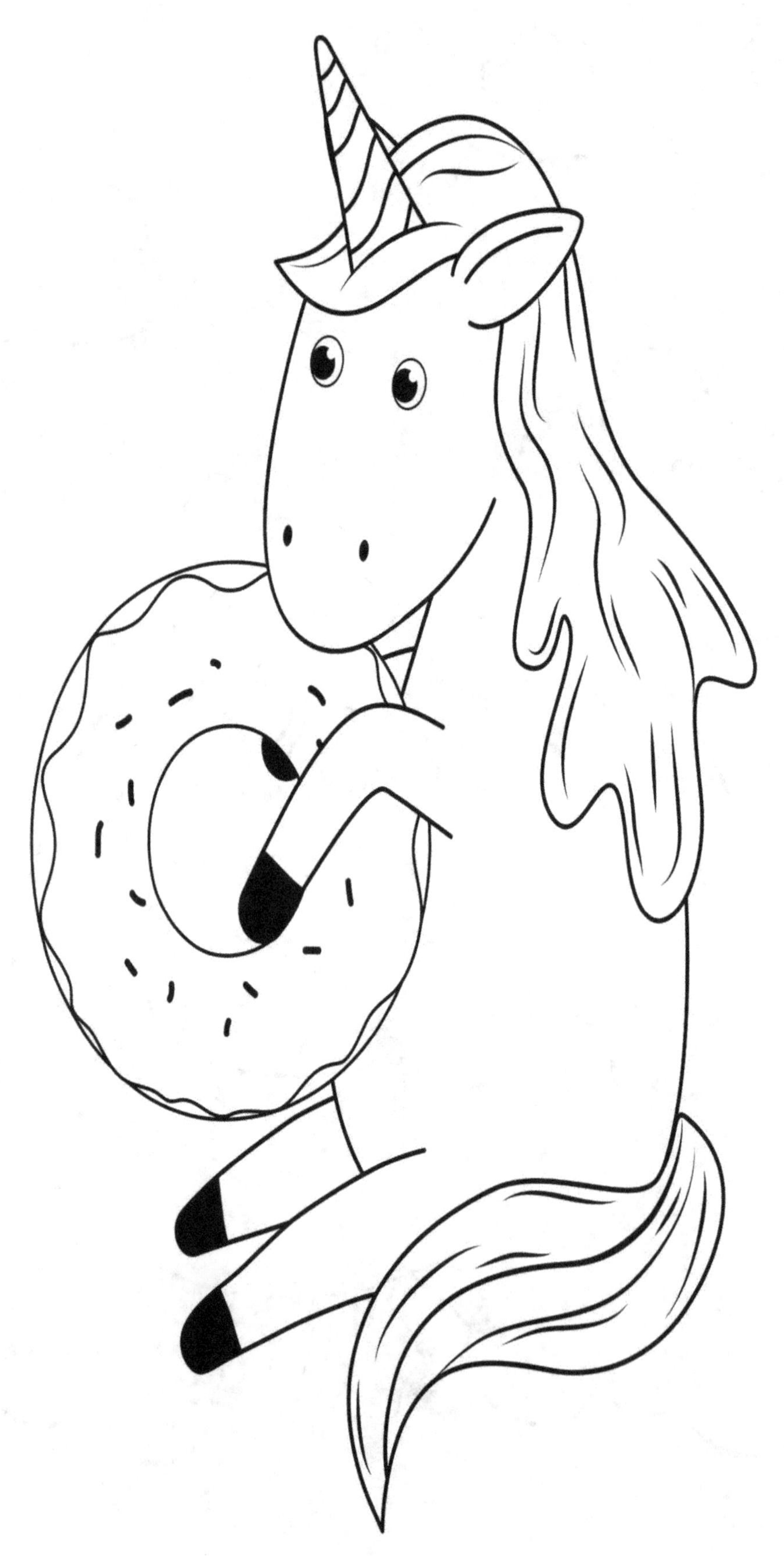

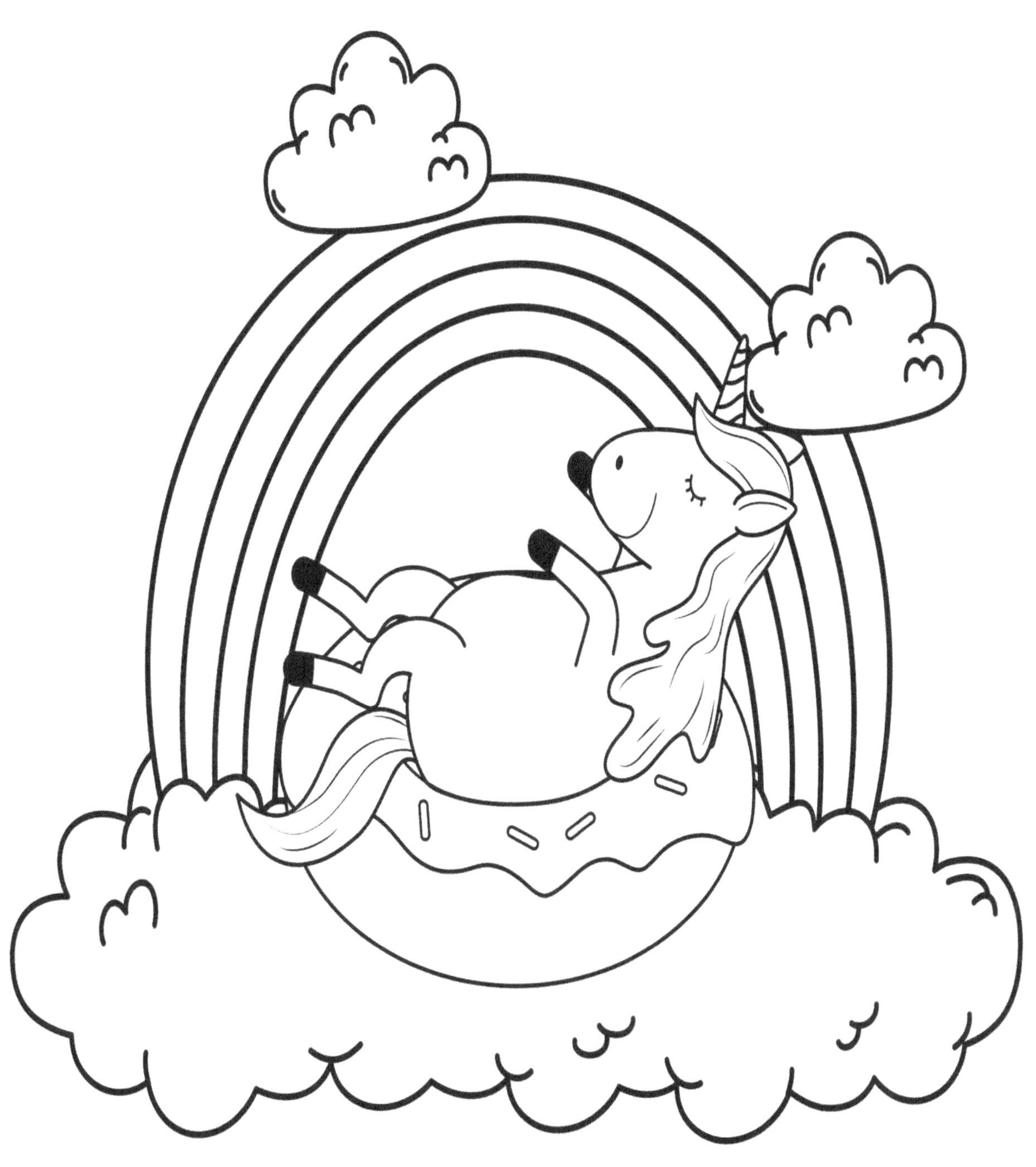

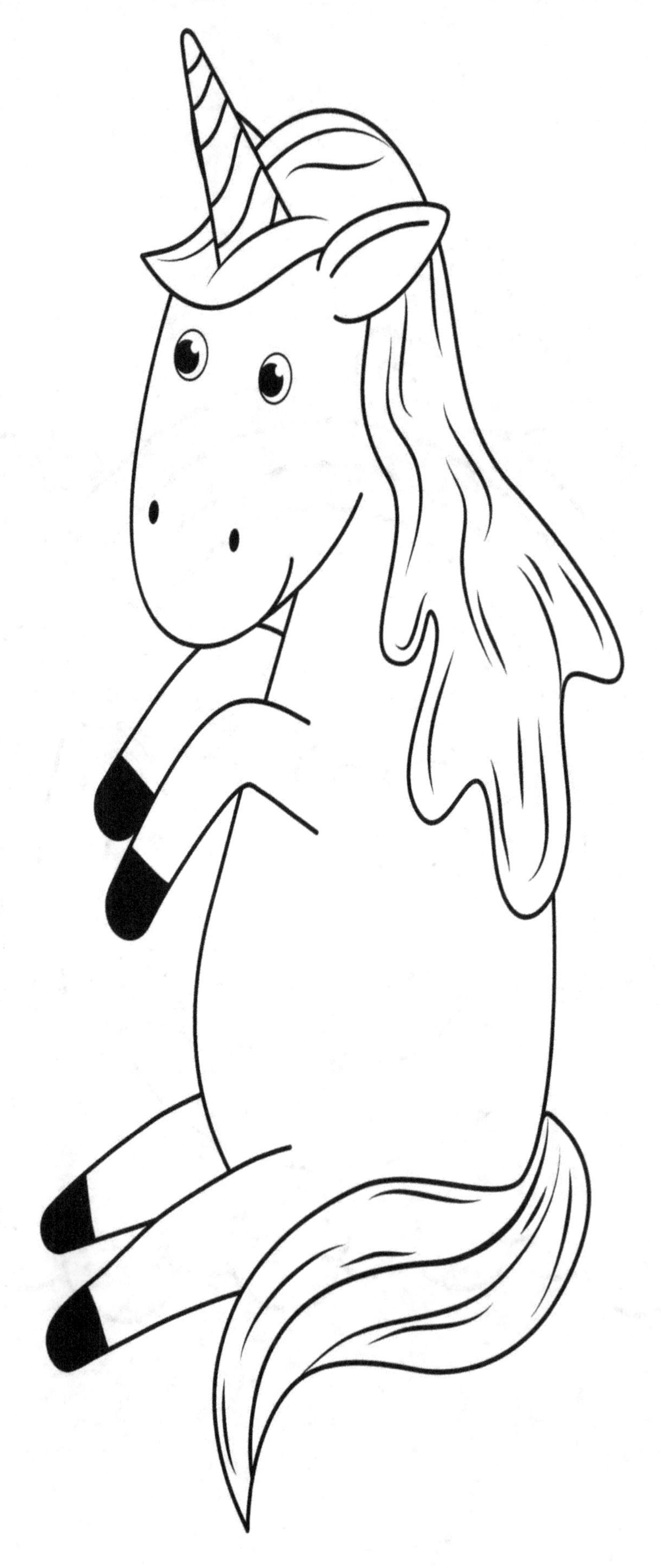

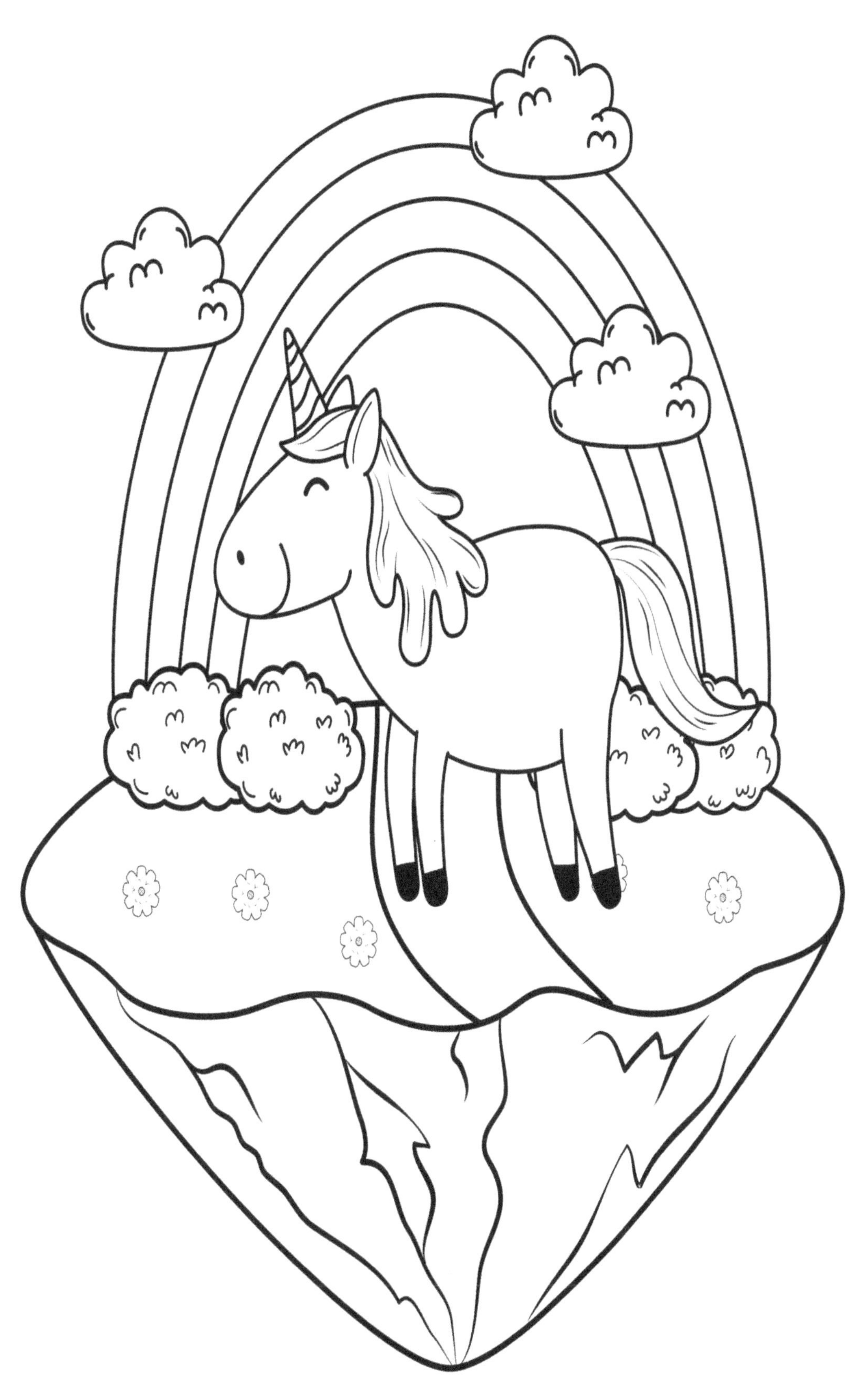

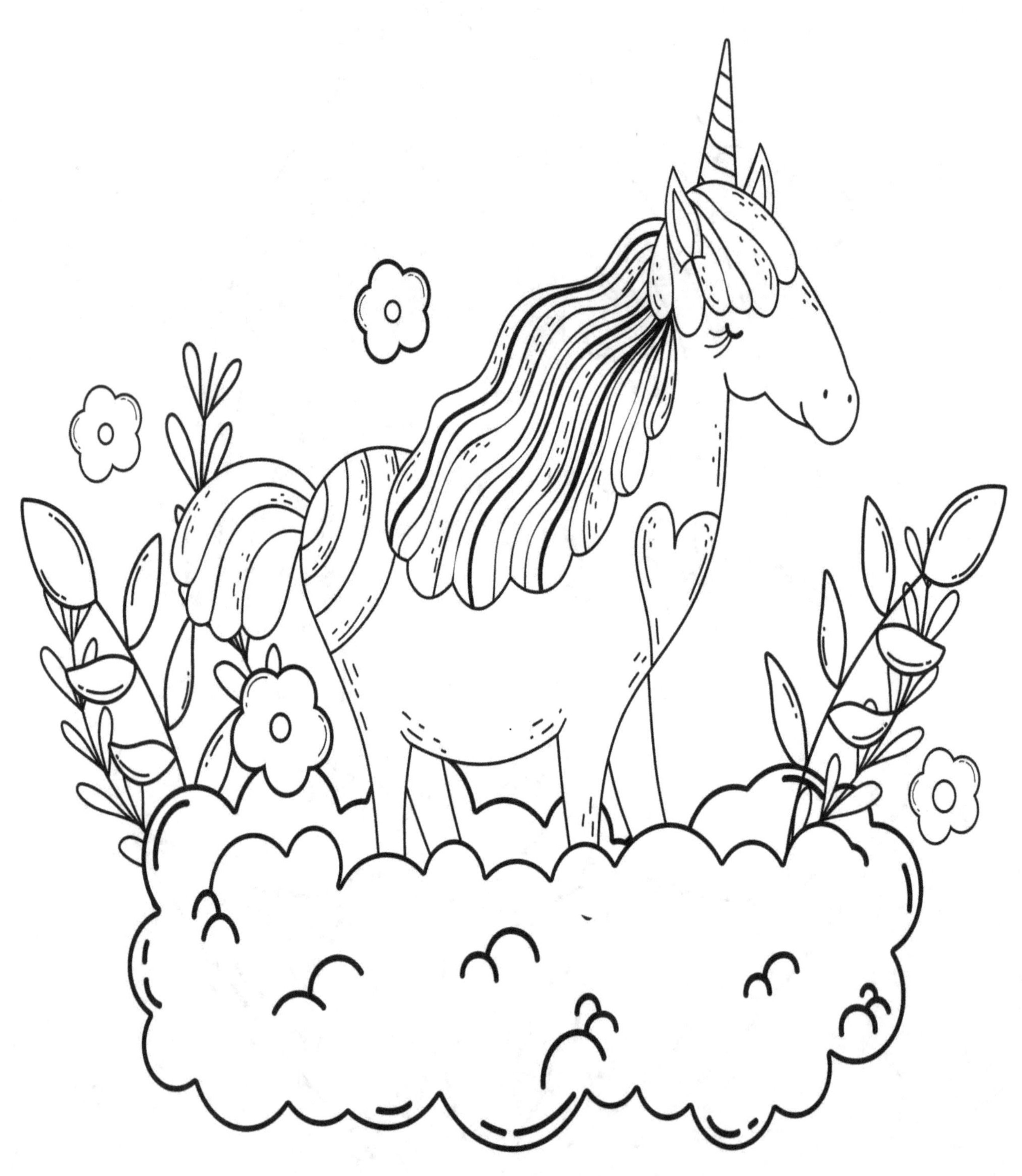

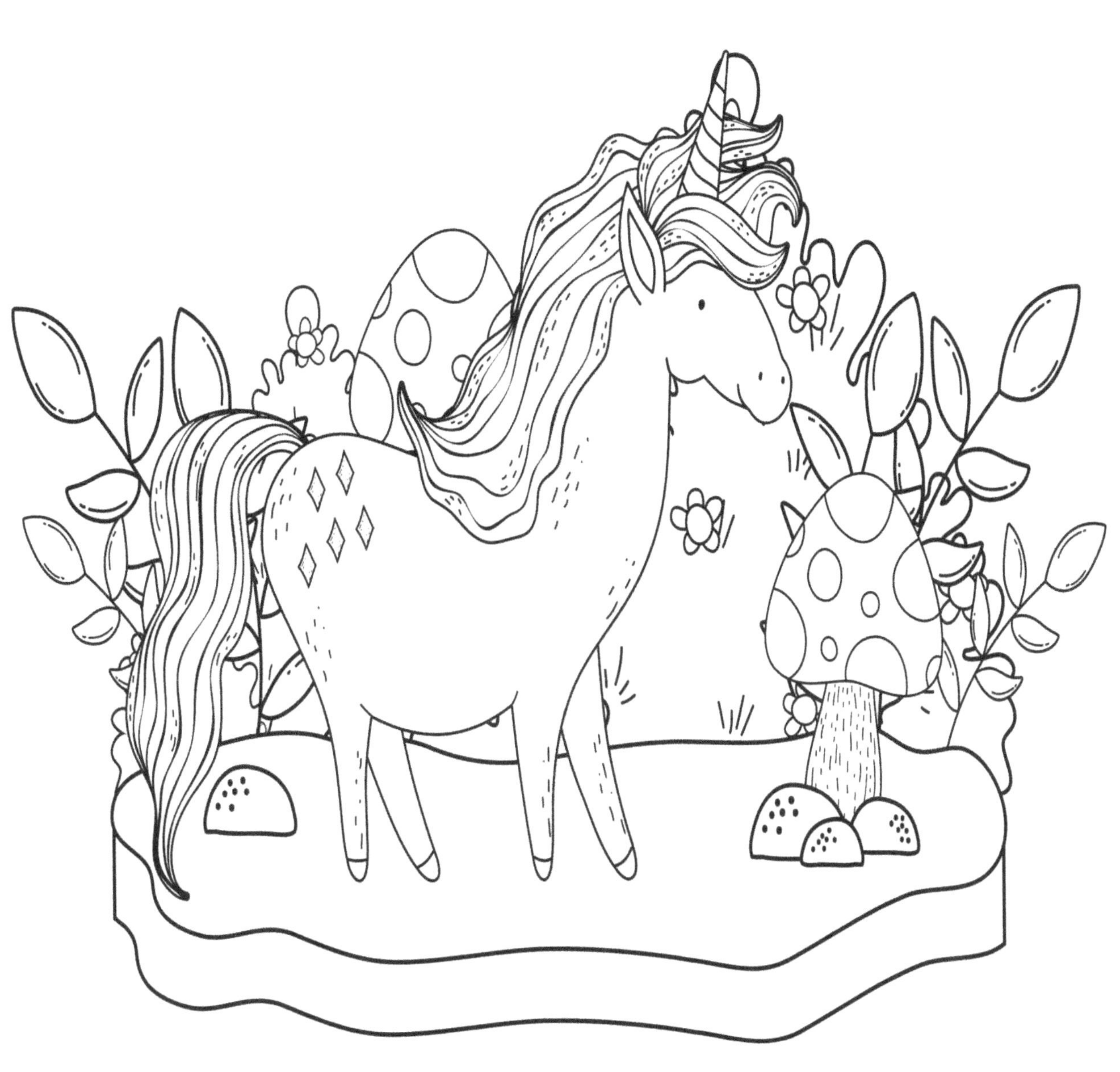

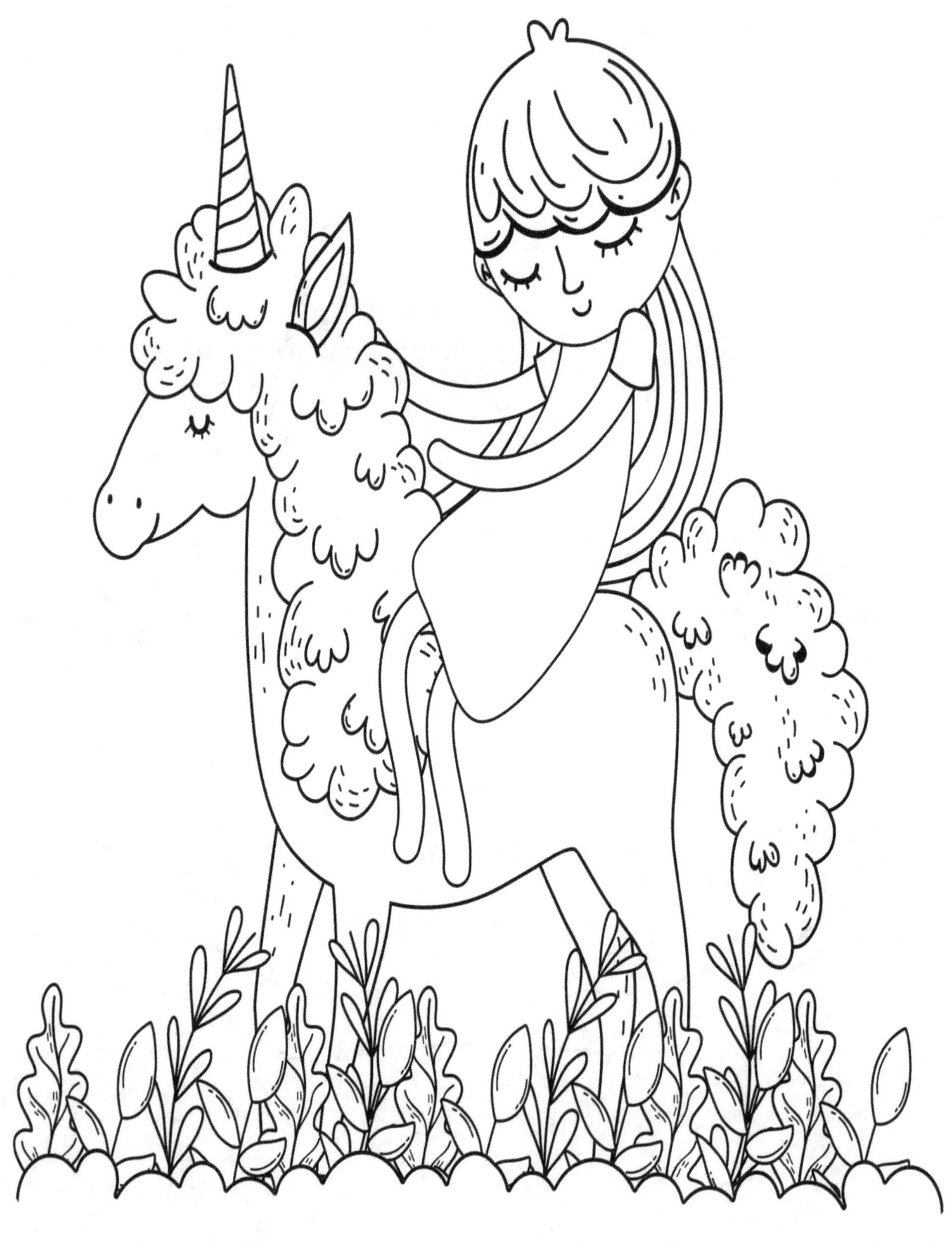

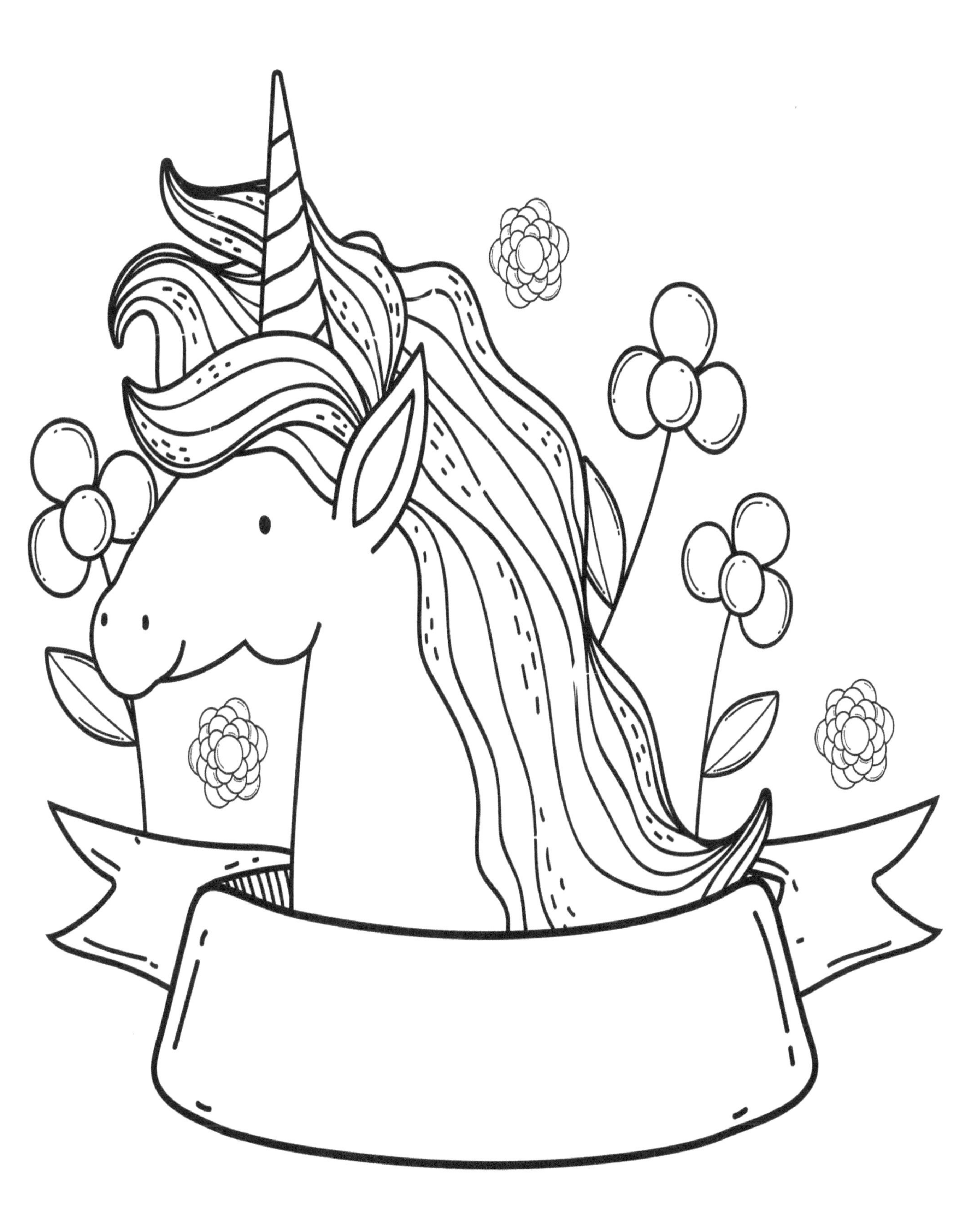

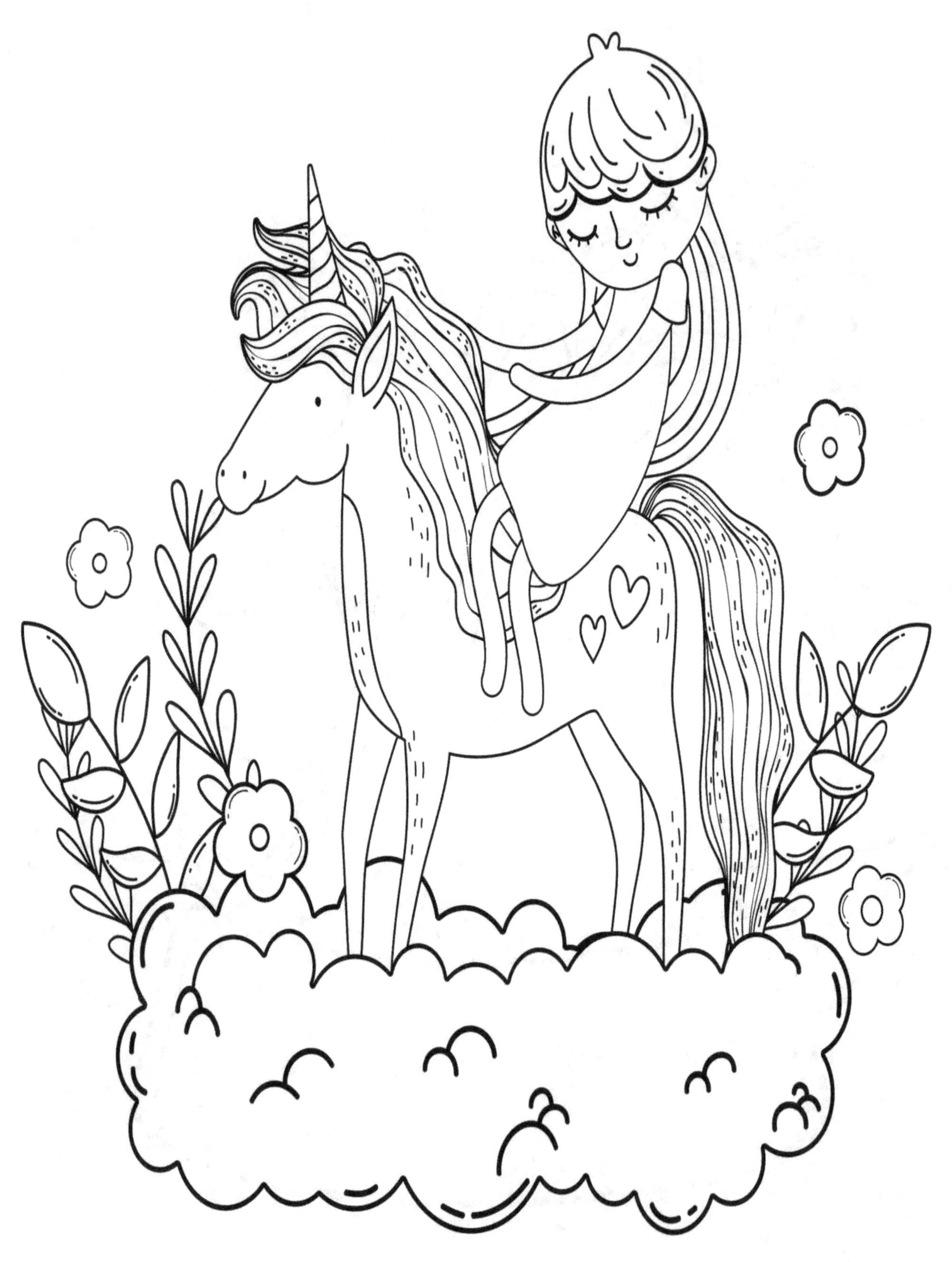

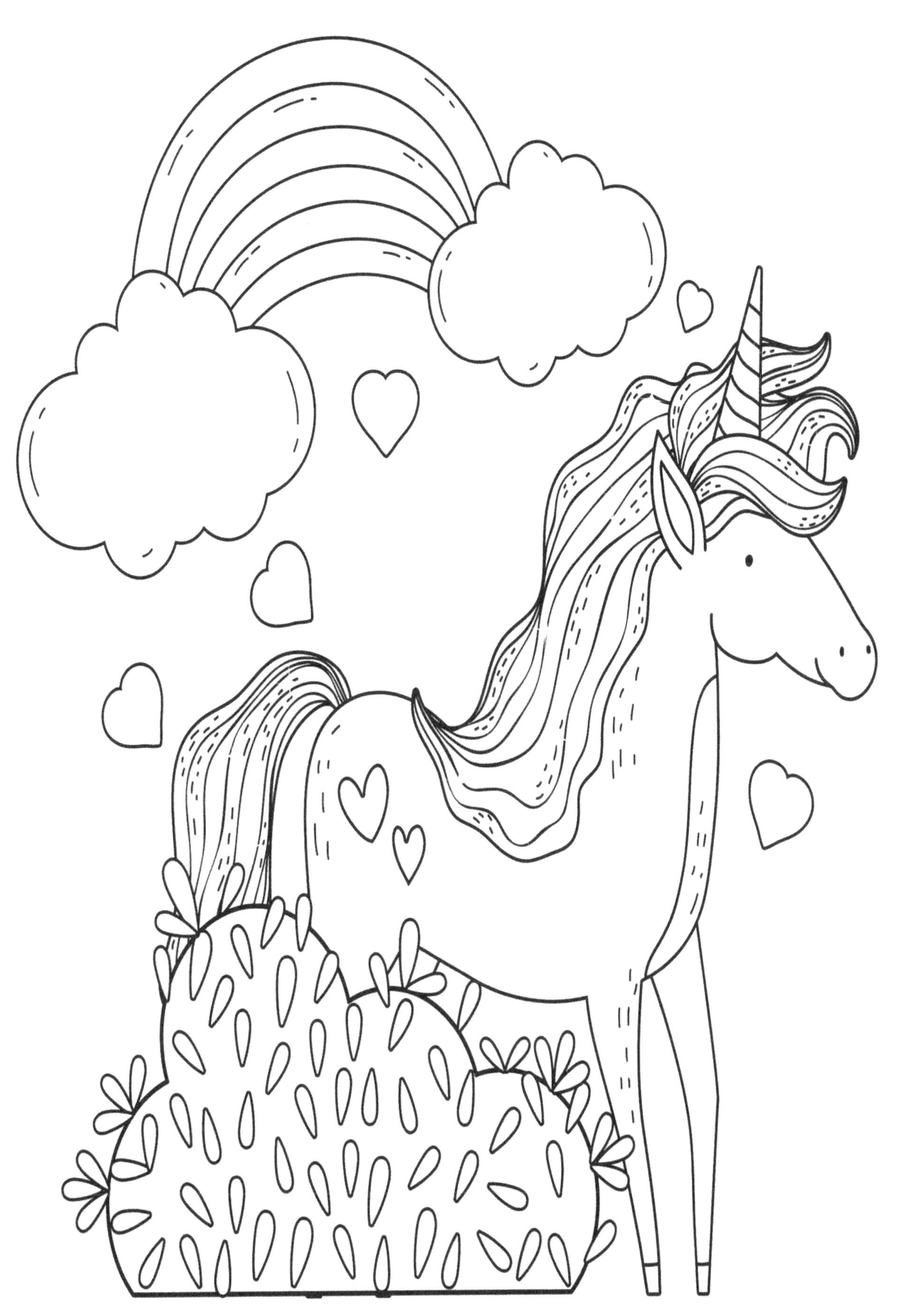

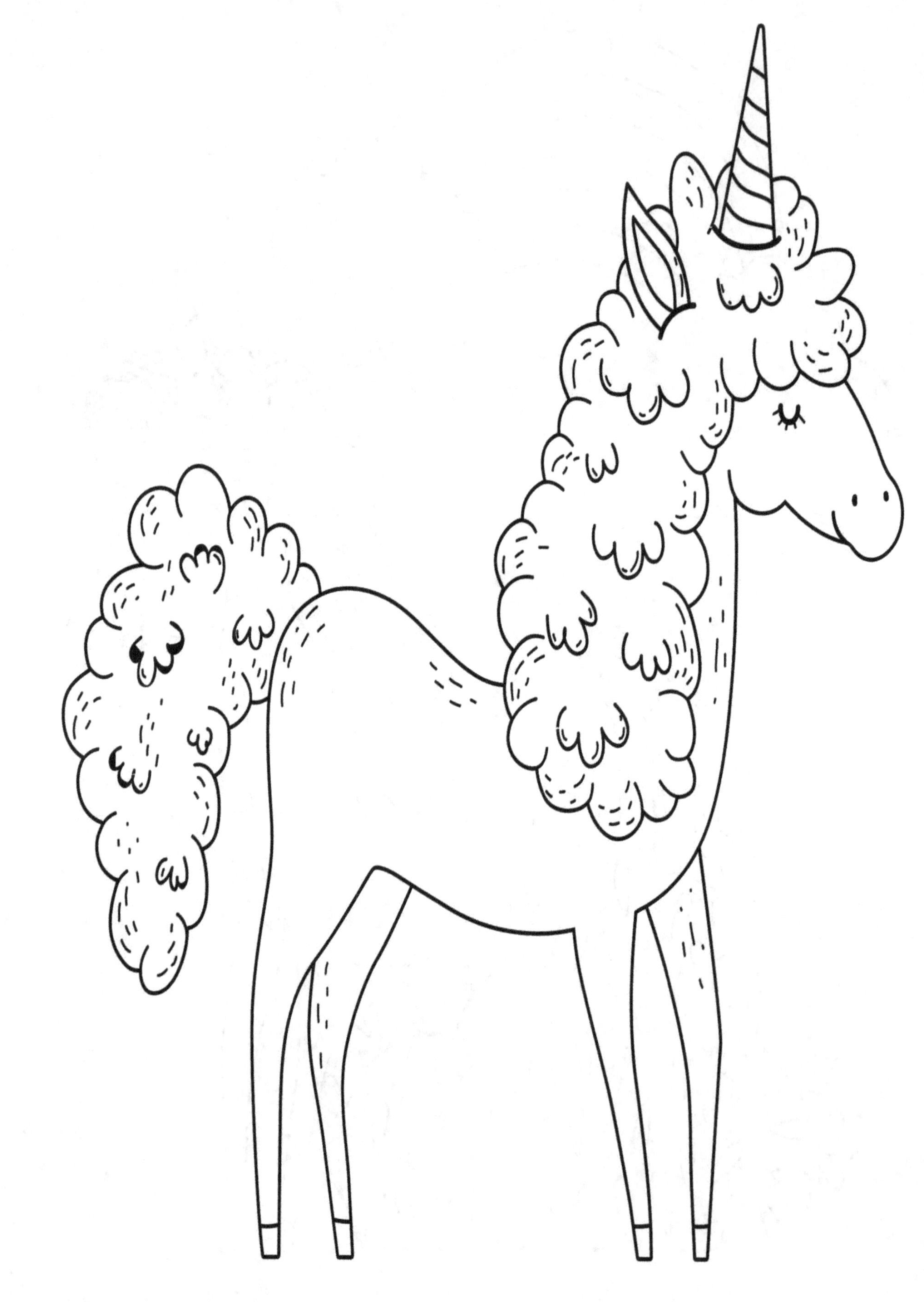

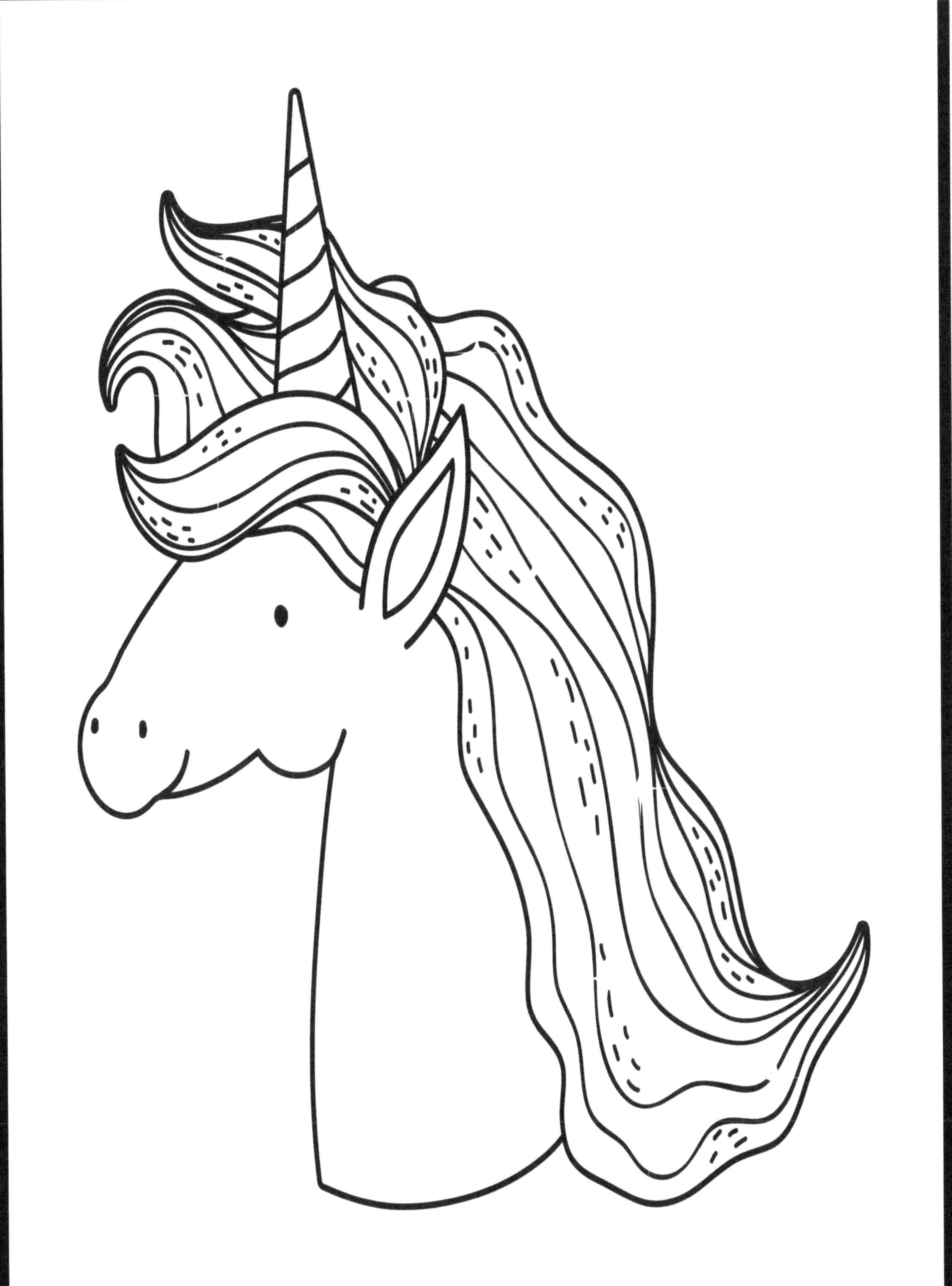

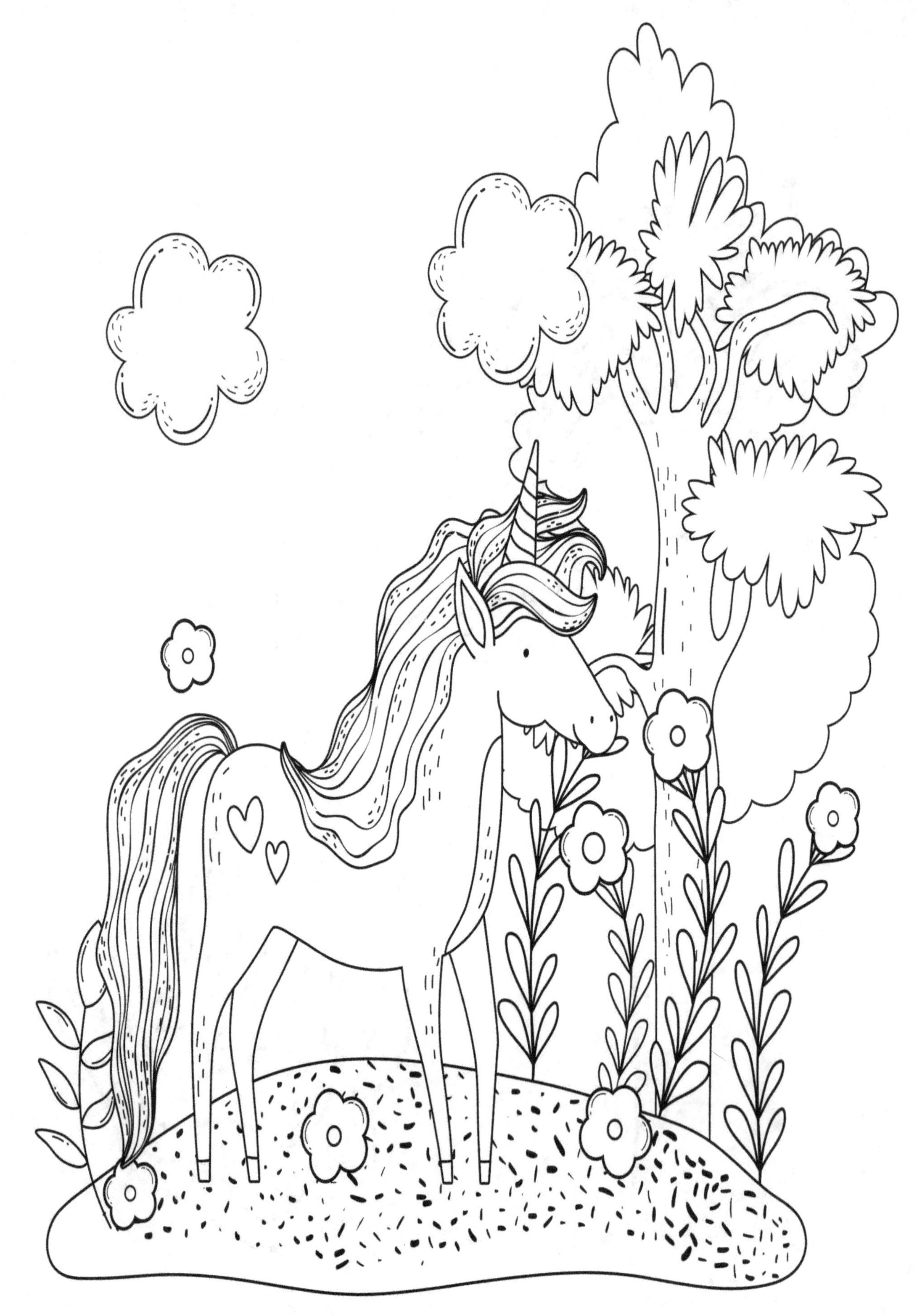

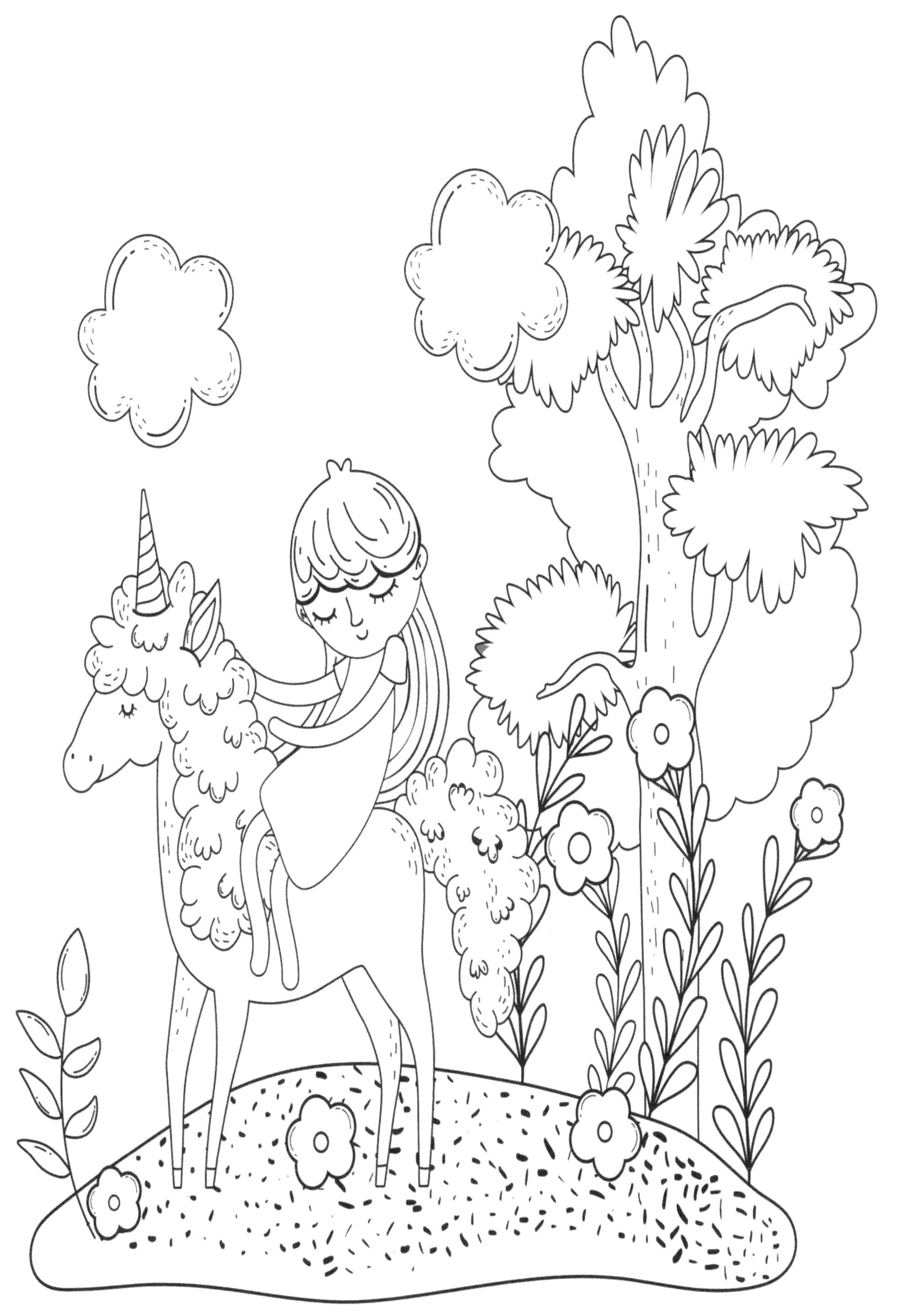

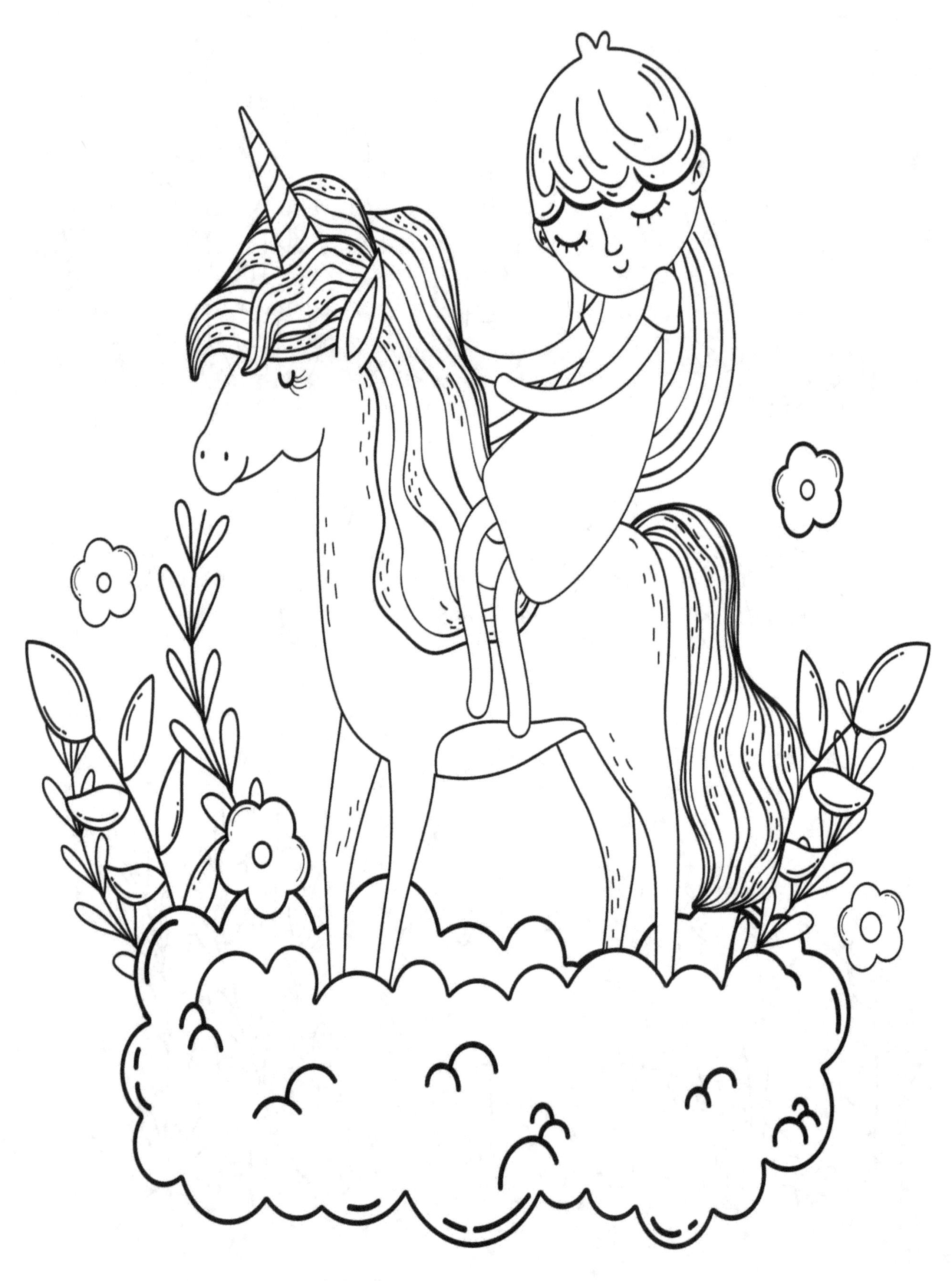

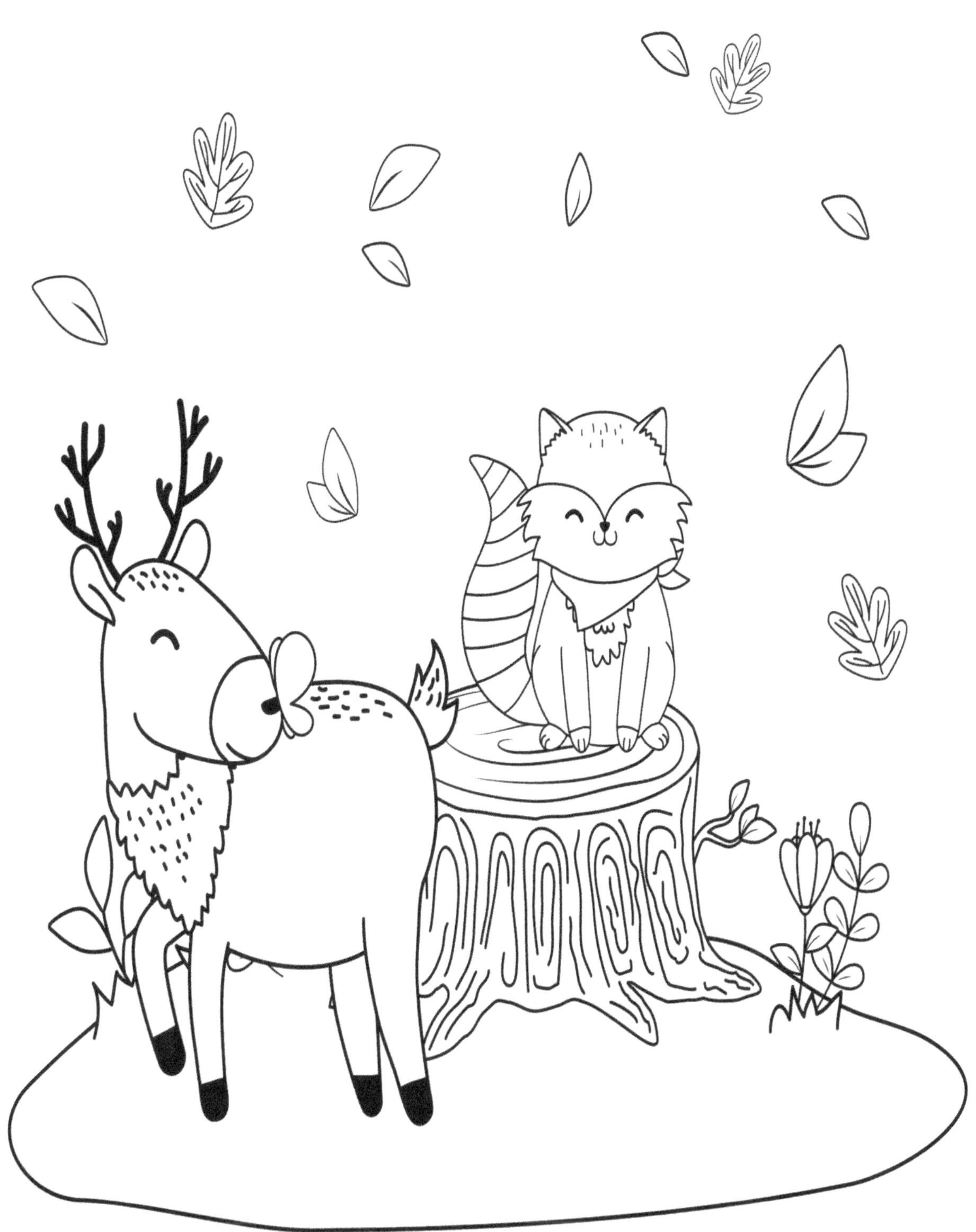

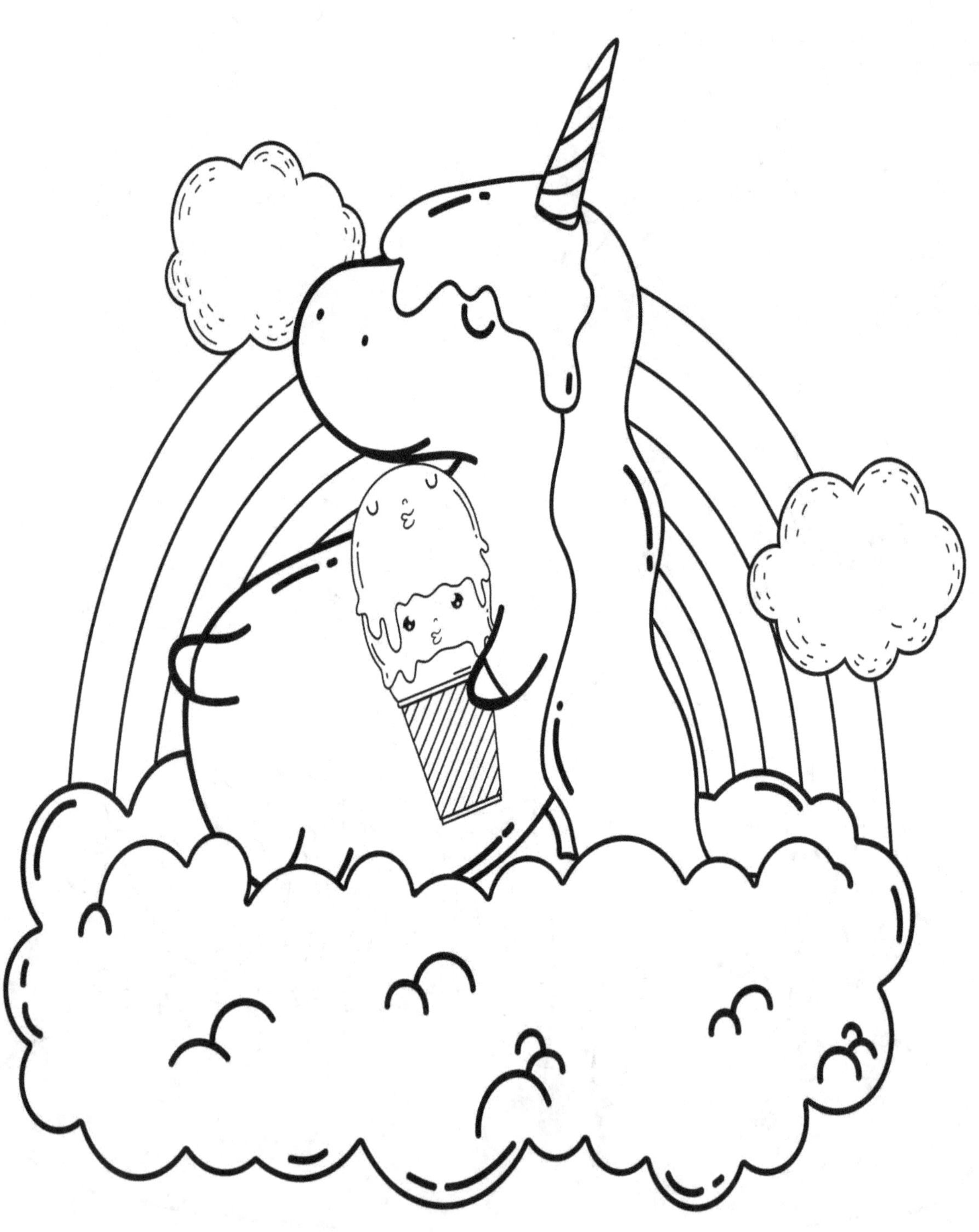

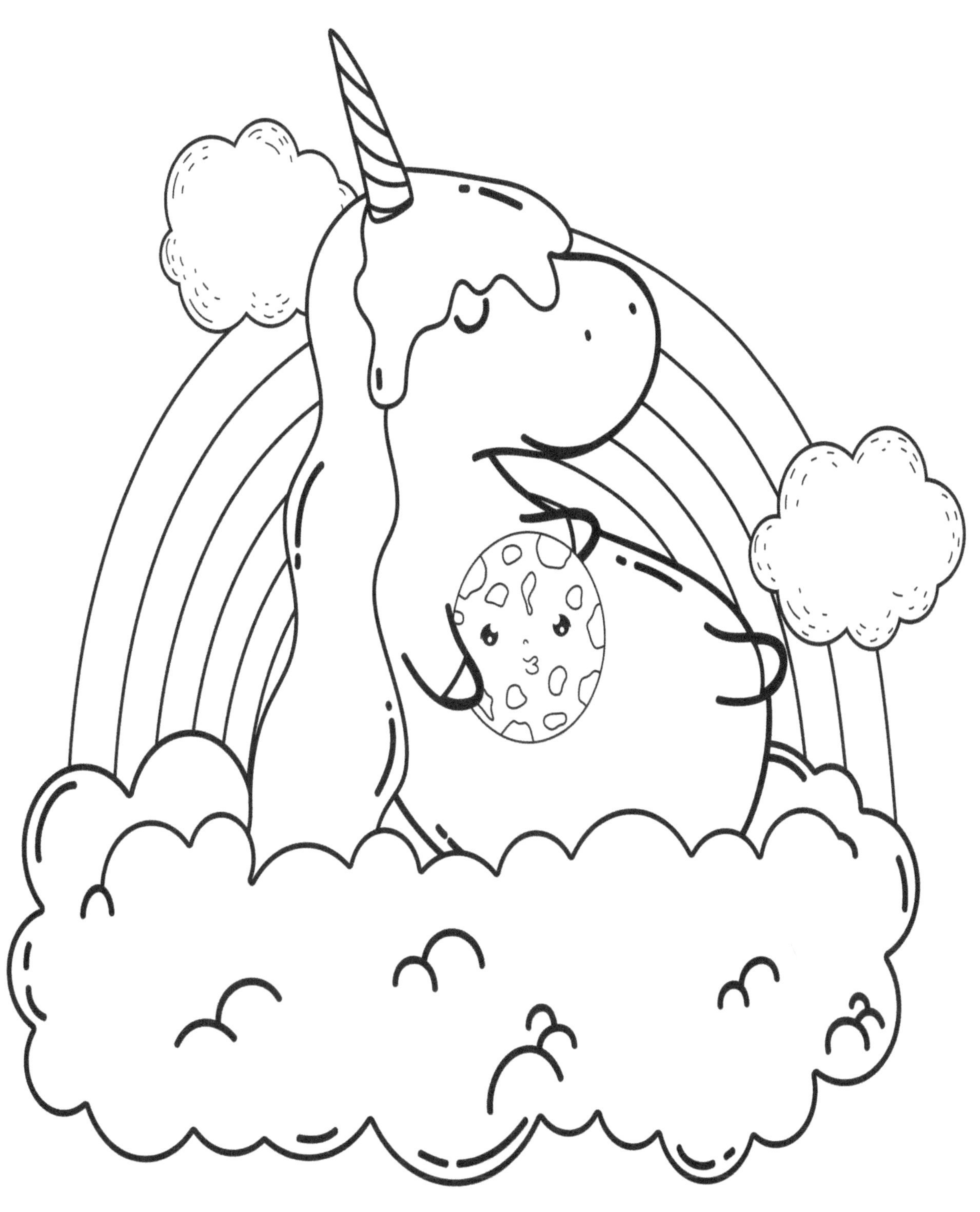

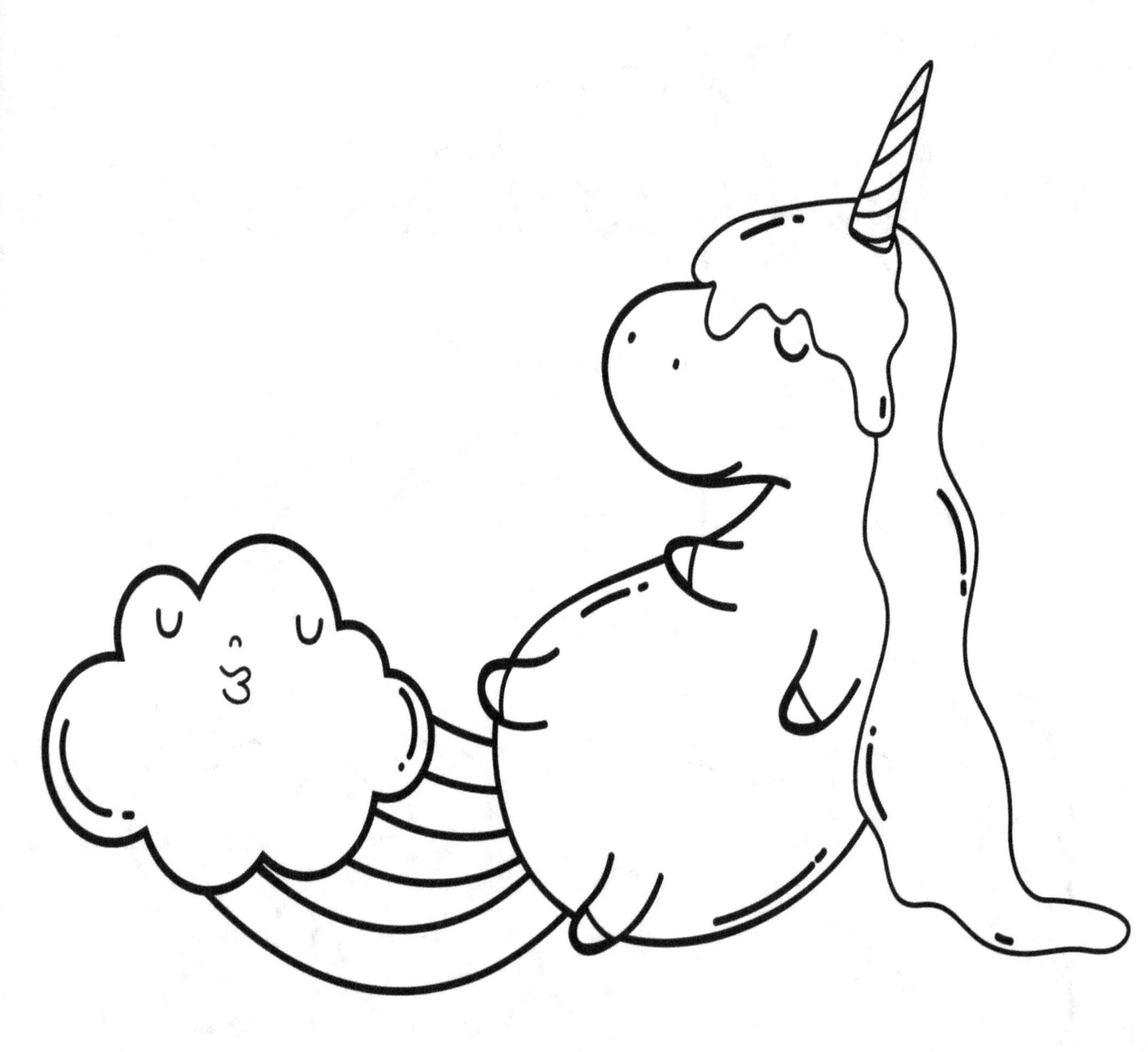

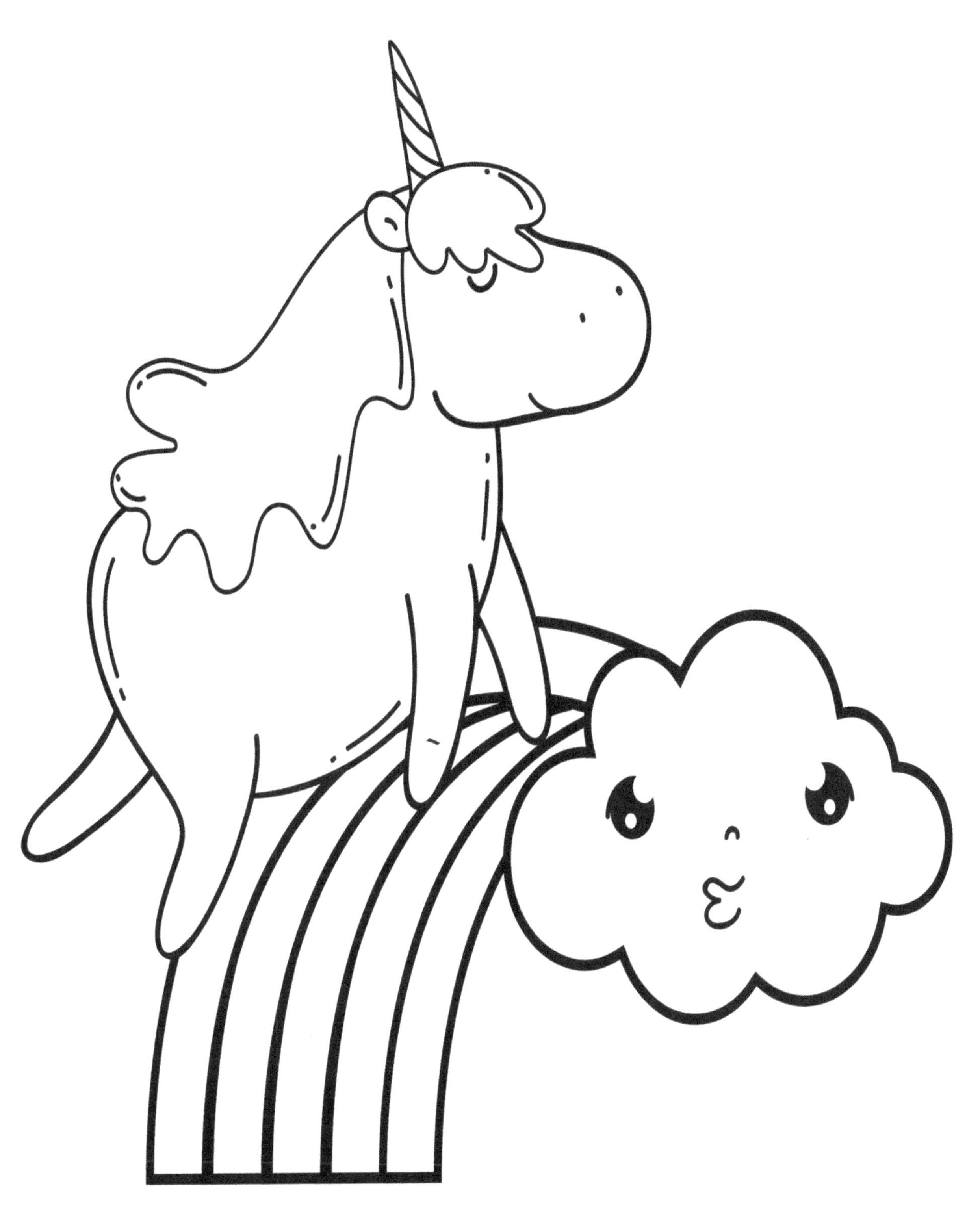

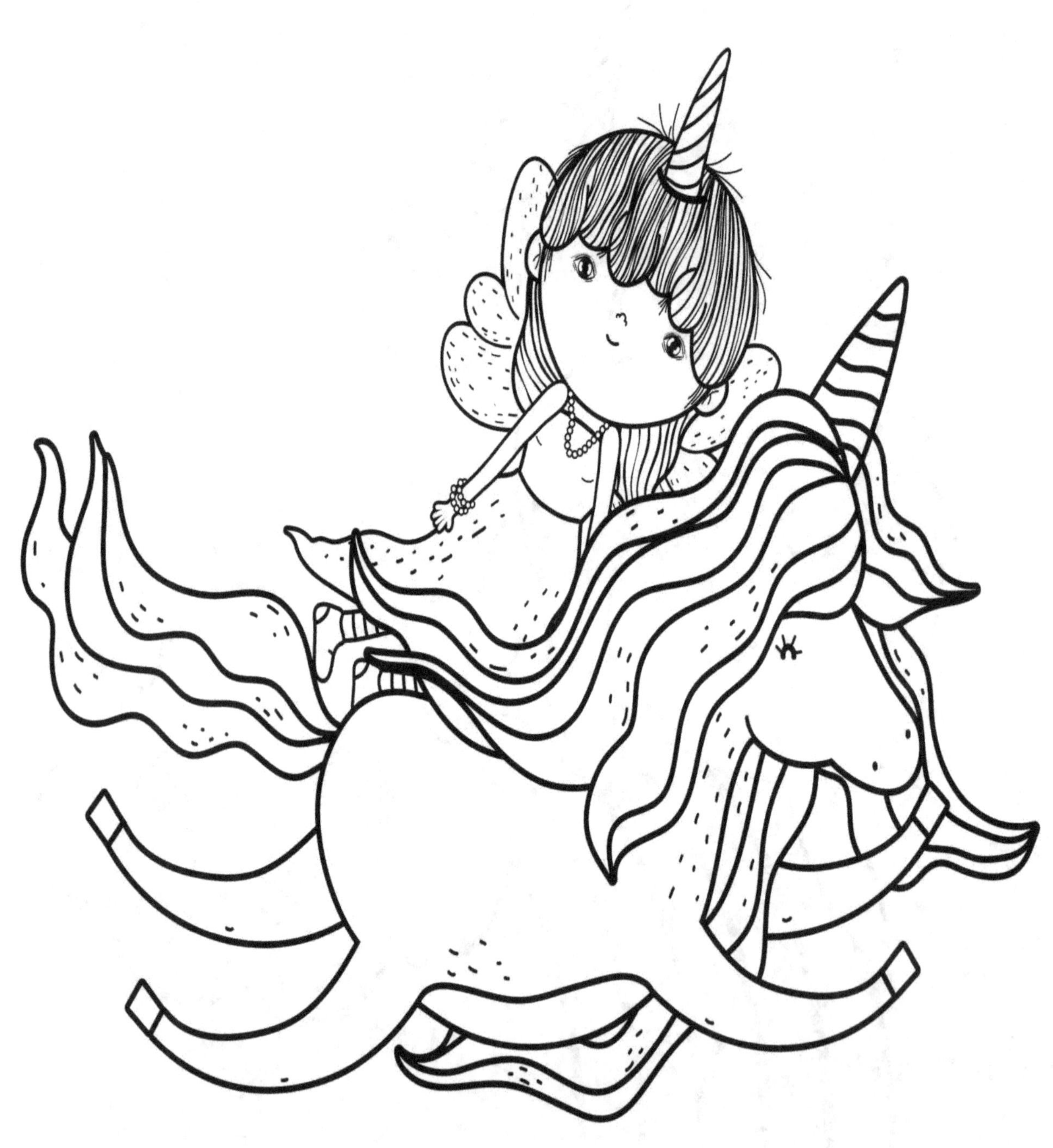

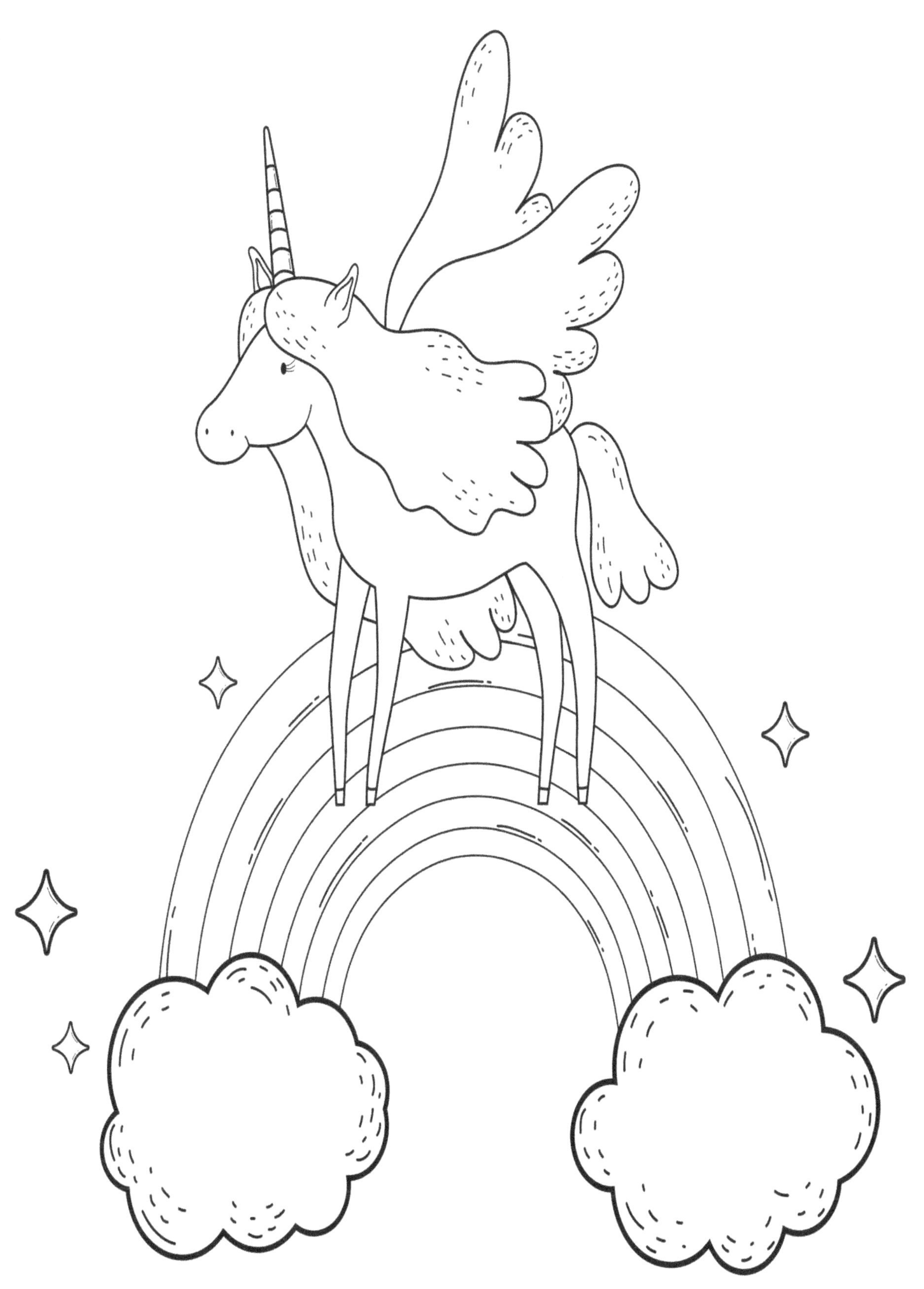

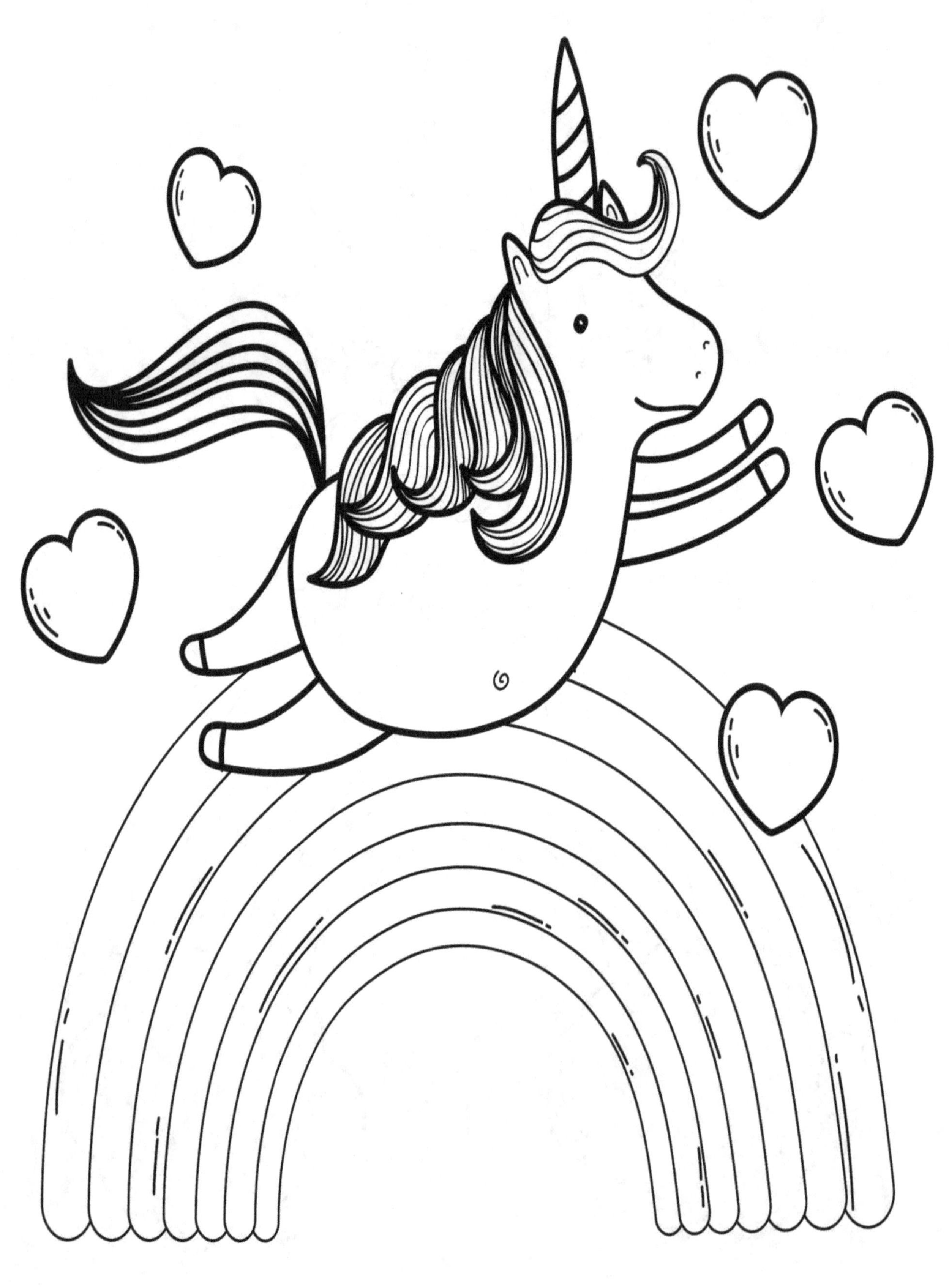

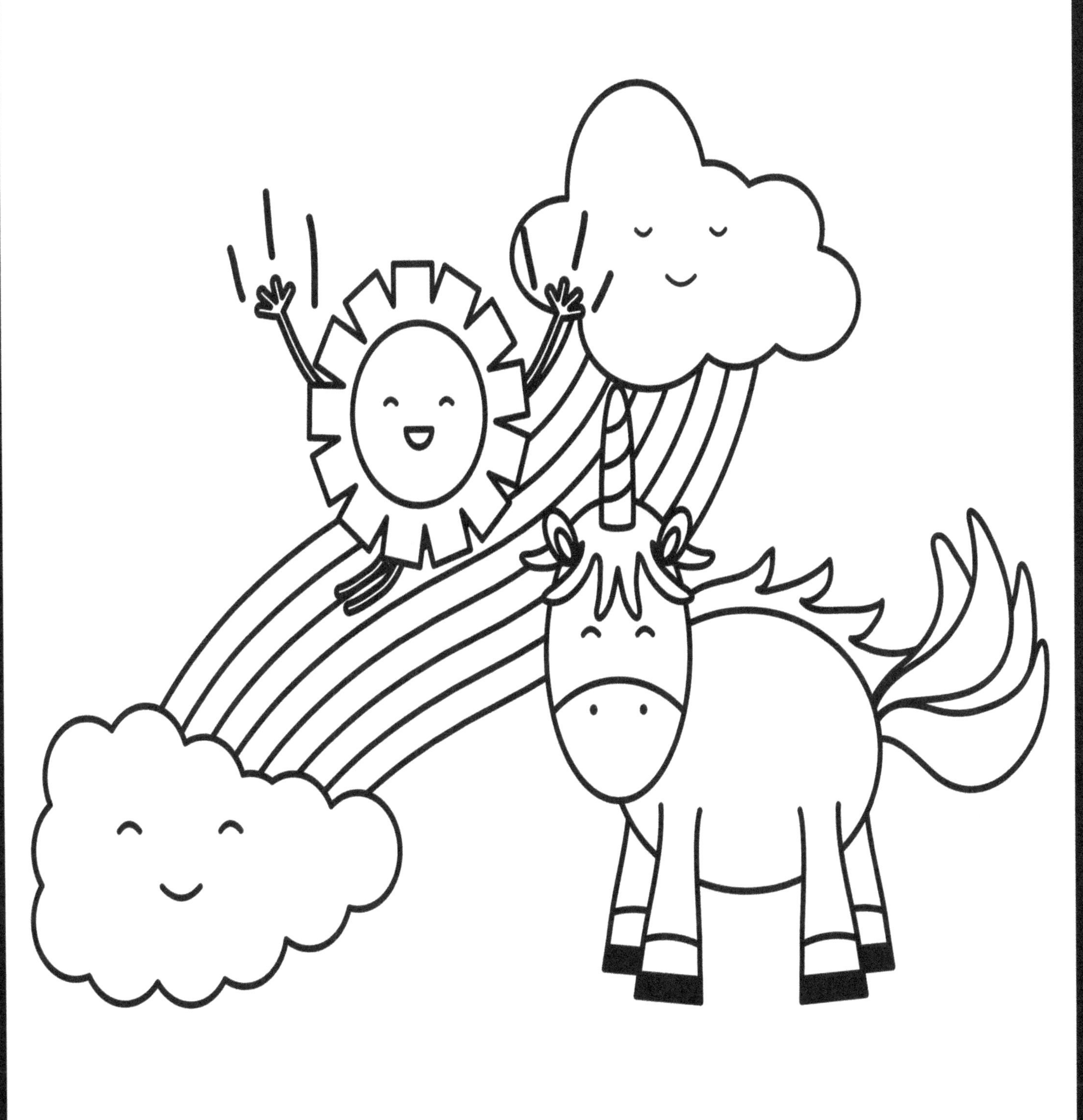

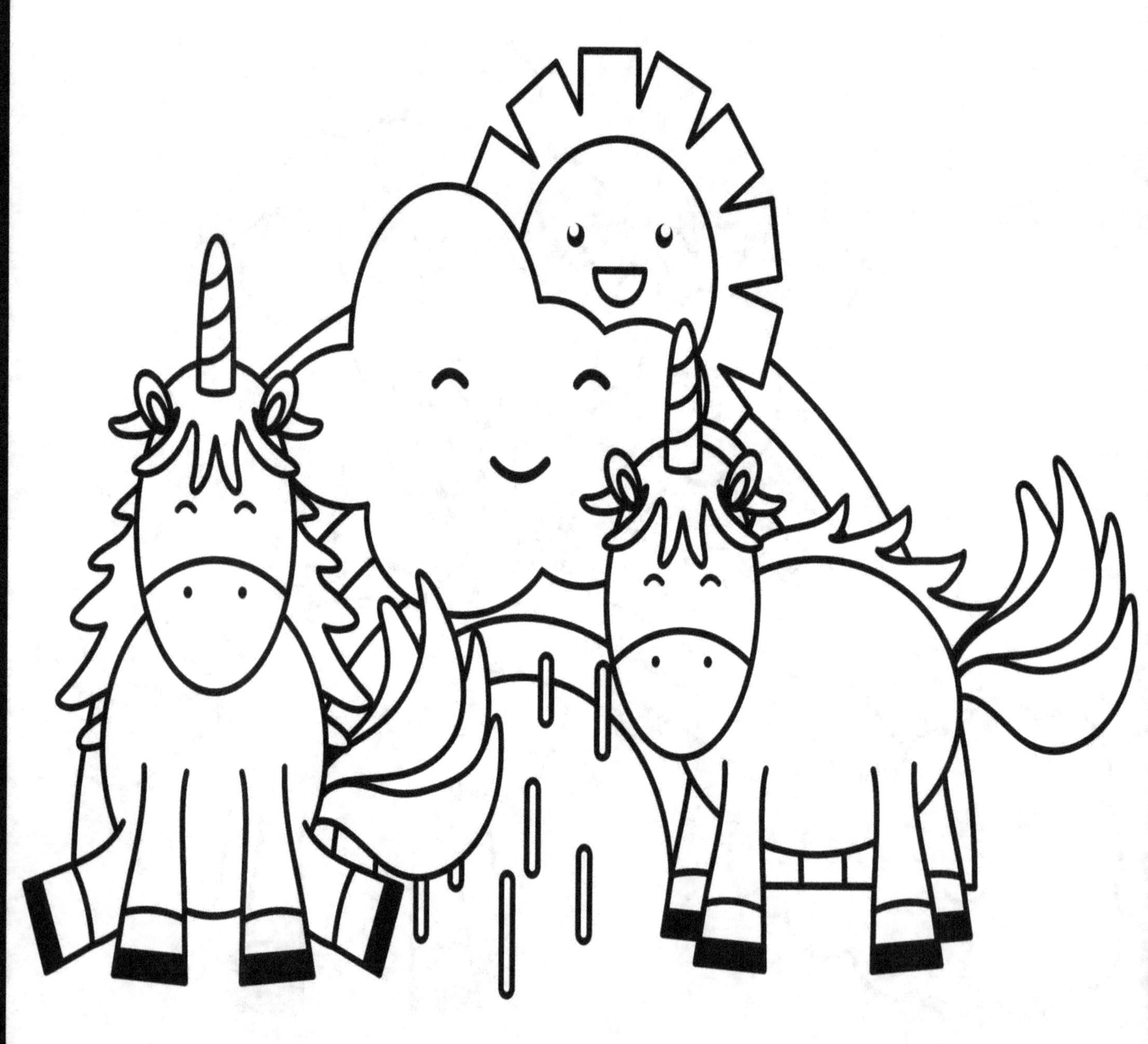

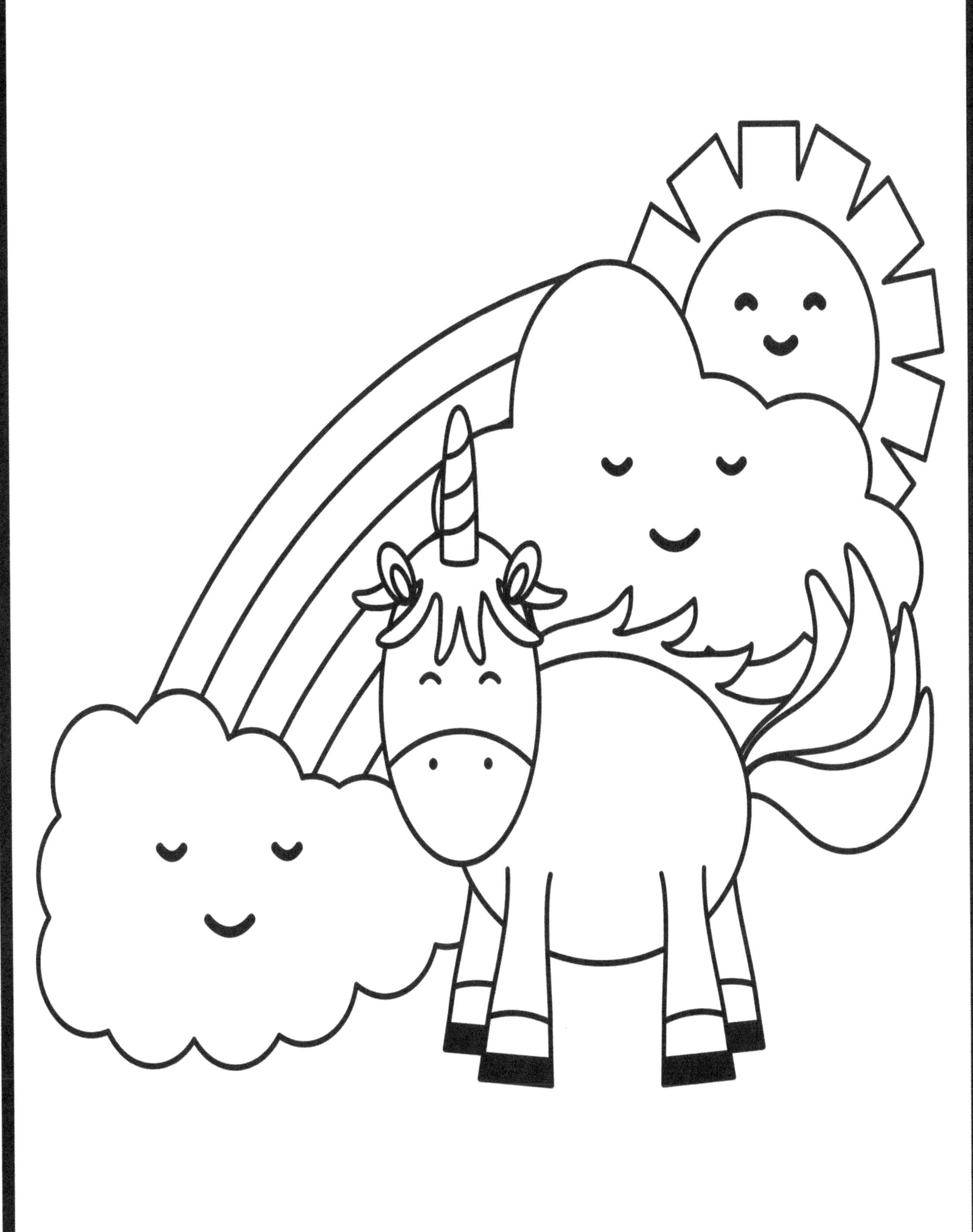

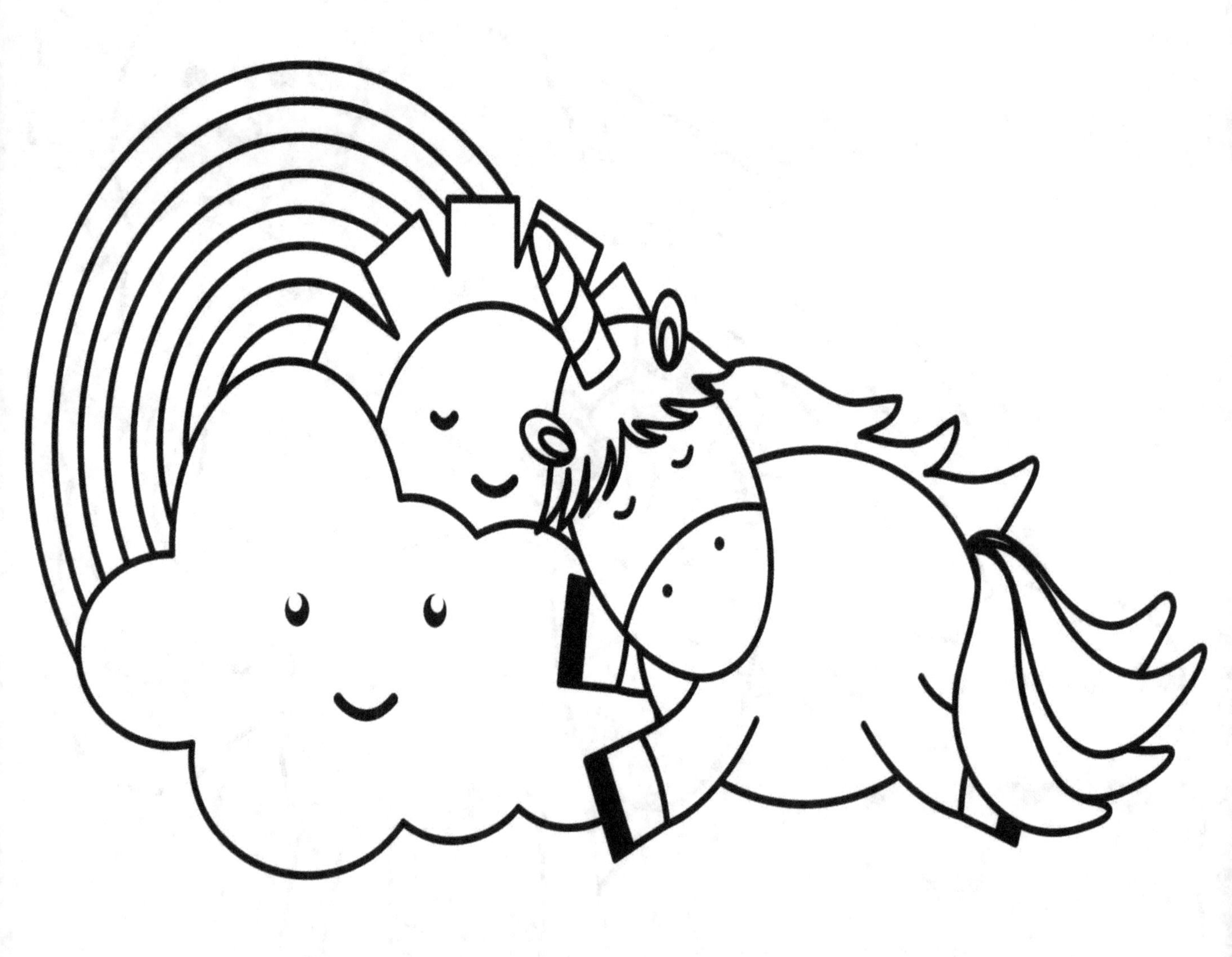

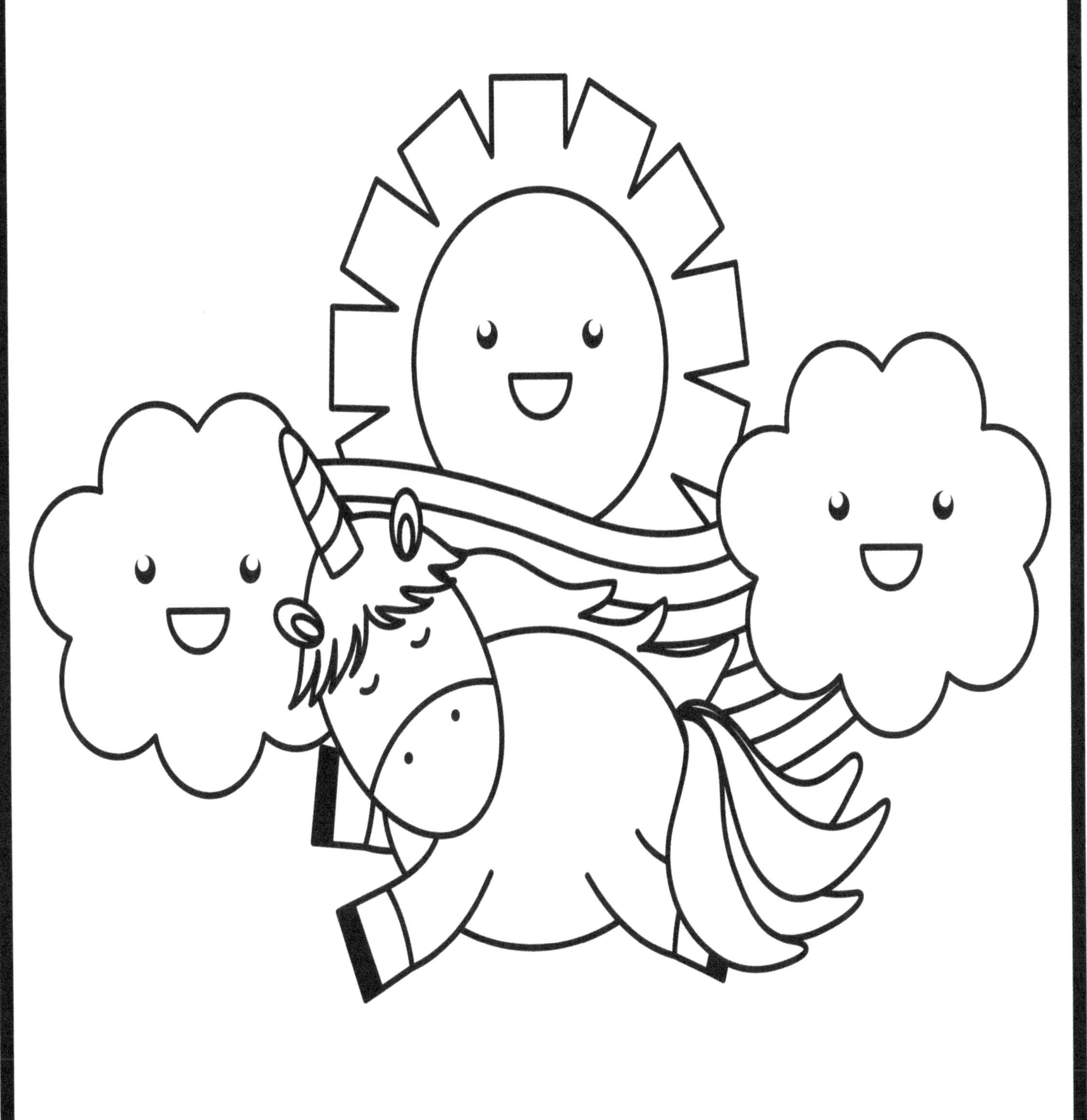

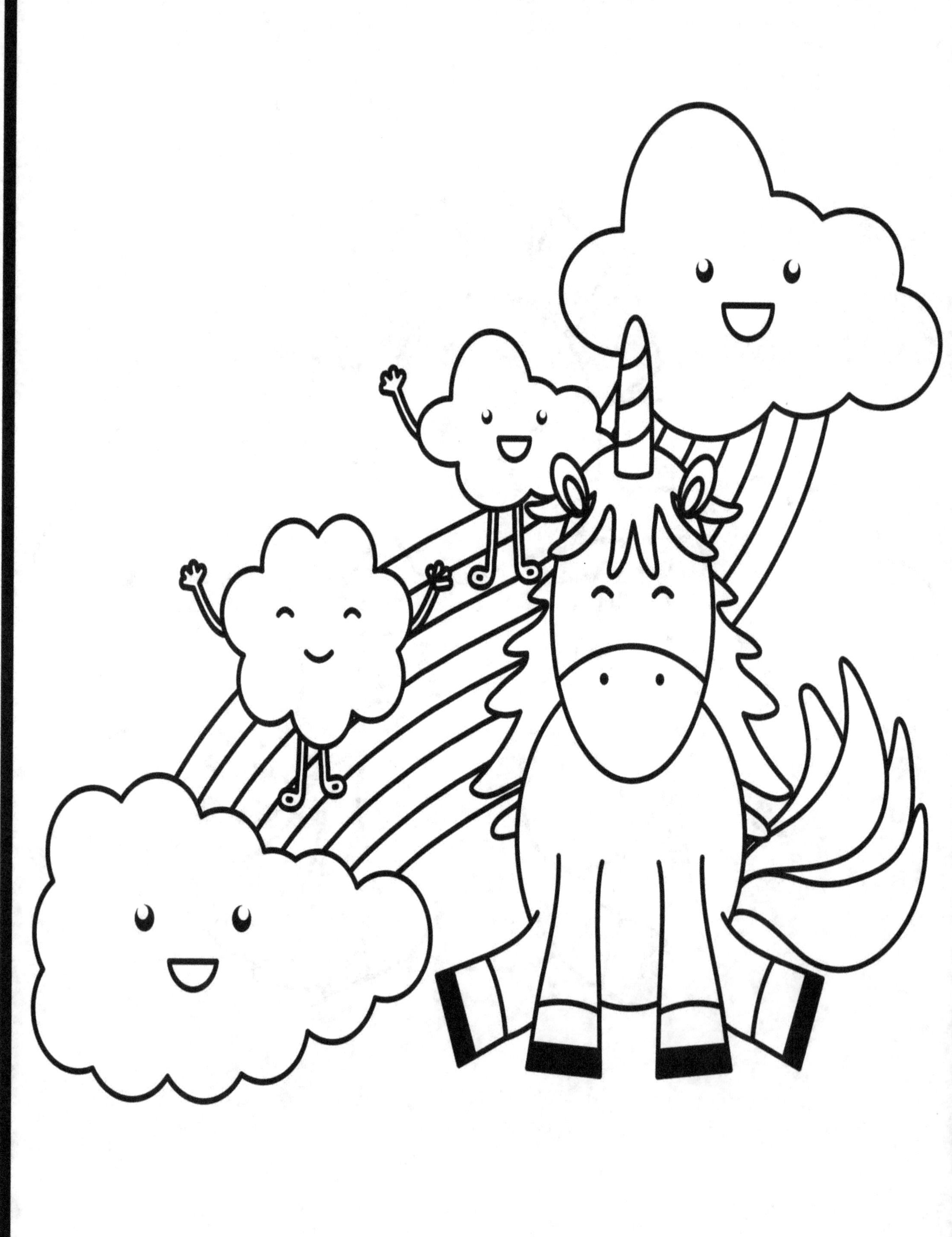